कृषि में महिलाओं की भूमिका

कृषि में महिलाओं की भूमिका

संगीता अग्रवाल

प्रभात
प्रकाशन

प्रकाशक • **प्रभात प्रकाशन प्रा. लि.**
4/19 आसफ अली रोड,
नई दिल्ली-110002

संस्करण • 2025
मूल्य • दो सौ पचास रुपए
मुद्रक • आर-टेक ऑफसेट प्रिंटर्स, दिल्ली

KRISHI MEIN MAHILAON KI BHOOMIKA
by Smt. Sangita Aggarwal ₹ 250.00
Published by Prabhat Prakashan Pvt. Ltd., 4/19 Asaf Ali Road, New Delhi-2
e-mail: prabhatbooks@gmail.com ISBN 978-93-5562-046-0

दादाजी

दादी माँ

माँ

इस पुस्तक को मैंने पूजनीय दादाजी एवं दादी माँ
प्रो. मधु दंडवते (पूर्व वित्त मंत्री भारत सरकार)
एवं **प्रमिला दंडवते** (समाजवादी नेता)
तथा मेरी स्वर्गीय माँ श्रीमती **संतोष अग्रवाल** को समर्पित किया है।

मैं आज जो कुछ भी हूँ, वह केवल और केवल अपने पिताजी,
माँ और दादाजी एवं दादी माँ के आशीर्वाद से हूँ।

अनुक्रम

1

भारतीय महिला किसान और सरकारी योजनाएँ

(योजनाओं की जानकारी और नाम कृषि मंत्रालय से साभार)

दुनिया में भारत को एक कृषिप्रधान देश के रूप में देखा जाता है। देश की आजादी के बाद सभी राजनीतिक पार्टियों ने जनता में अपना वर्चस्व बनाए रखने के लिए हमेशा किसानों के हितों के लिए समय-समय पर योजनाएँ बनाई हैं।

इसी कड़ी में प्रधानमंत्री नरेंद्र मोदी सरकार ने भी साल 2014 में प्रधानमंत्री बनने के पश्चात् देशहित में बहुत सी योजनाओं का शुभारंभ किया। किसानों के लिए विभिन्न प्रकार के मंत्रालय द्वारा विभिन्न प्रकार के कल्याणकारी कार्यक्रम महिला कल्याण, युवा कल्याण, कृषि कल्याण में चलाए जा रहे हैं।

केंद्र सरकार न सिर्फ कृषि पर ध्यान केंद्रित कर रही है, बल्कि इसके साथ-साथ महिला किसानों का समूह भी उसकी प्राथमिकता में है। इसी क्रम में केंद्र सरकार महिला किसानों के लिए कई तरह के कार्यक्रम और योजनाएँ चला रही है। इस गति को और तेज करने के लिए सरकार कुछ नई योजनाएँ लेकर भी आई है, जिससे महिला किसानों को सहारा मिले और वे अपने जीवन के साथ-साथ देश के विकास में भी अधिक योगदान दे सकें। देश के स्वतंत्रता आंदोलन से लेकर आधुनिक भारत के निर्माण तक सभी क्षेत्रों में महिलाओं ने अपनी महत्त्वपूर्ण भूमिका निभाई है।

पुरुष प्रधान समाज में आज भी देश में महिलाओं के लिए पहले ही बहुत मुश्किलें होती हैं, इसके बावजूद अगर वे आगे बढ़ना चाहती हैं, इसलिए सरकार उनके सहयोग के लिए हर कदम पर साथ खड़ी है। केंद्रीय कृषि मंत्री नरेंद्र सिंह तोमर ने संसद् में सवाल के जवाब में महिला किसानों के लिए कई योजनाओं का विवरण रखा, जिसमें कुछ इस प्रकार हैं—

महिला किसानों पर होना है 30 प्रतिशत खर्च

कृषि और किसान कल्याण मंत्रालय की विभिन्न किसान हितैषी योजनाओं के दिशा-निर्देश में स्पष्ट लिखा है कि राज्यों और अन्य कार्यान्वयन एजेंसियों को महिला किसानों पर कम-से-कम 30 प्रतिशत खर्च करना जरूरी है। इन योजनाओं में राष्ट्रीय खाद्य सुरक्षा मिशन, तिलहन और तेल पाम पर

राष्ट्रीय मिशन, सतत कृषि पर राष्ट्रीय मिशन, बीज और रोपण सामग्री के लिए उप-मिशन, कृषि मशीनीकरण पर उप-मिशन और एकीकृत मिशन आदि शामिल हैं।

महिला किसान सशक्तीकरण परियोजना (एम.के.एस.पी.)

ग्रामीण विकास मंत्रालय के अंतर्गत ग्रामीण विकास विभाग ने डी.ए.वाई.-एन.आर.एल.एम. (दीनदयाल अंत्योदय योजना : राष्ट्रीय ग्रामीण आजीविका मिशन) के उपघटक के रूप में 'महिला किसान सशक्तीकरण परियोजना (एम.के.एस.पी.)' नामक एक योजना शुरू की। यह योजना 2011 से महिलाओं को उनकी भागीदारी और उत्पादकता बढ़ाने के लिए व्यवस्थित निवेश के माध्यम से सशक्त बनाना है, साथ ही इस योजना के माध्यम से ग्रामीण महिलाओं के लिए स्थायी आजीविका का निर्माण भी किया जा रहा है। परियोजना का कार्यान्वयन एजेंसियों द्वारा राज्य ग्रामीण आजीविका मिशन के माध्यम से परियोजना मोड में लागू किया गया है।

दिया जा रहा है तकनीकी और कौशल विकास परीक्षण

कृषि और संबद्ध क्षेत्रों में नवीनतम तकनीकों से महिलाओं को परिचित कराने के लिए डी.ए. एंड एफ.डब्ल्यू. और डी.ए.वाई.-एन.आर.एल.एम. की योजनाओं के तहत महिला किसानों को प्रशिक्षण दिया जा रहा है। इनमें कृषि पर उप-मिशन (एस.एम.ए.ई.) के तहत सुधारों के लिए राज्य विस्तार कार्यक्रम (ए.टी.एम.ए.) का समर्थन शामिल है। राष्ट्रीय प्रशिक्षण संस्थानों, राज्य कृषि प्रबंधन और विस्तार प्रशिक्षण (एस.ए.एम.ई.टी.आई.), कृषि विज्ञान केंद्रों (के.वी.के.) और राज्य कृषि विश्वविद्यालयों के माध्यम से महिला किसानों सहित किसानों के लिए कृषि और संबद्ध क्षेत्रों में कौशल प्रशिक्षण पाठ्यक्रम भी देश भर में संचालित किए जा रहे हैं। ये पाठ्यक्रम न्यूनतम 200 घंटे की अवधि के होते हैं। डी.ए.वाई.-एन.आर.एल.एम. के तहत एग्रो-इकोलॉजी से संबंधित क्षेत्र में प्रशिक्षण प्रदान किया जा रहा है।

भारतीय कृषि अनुसंधान परिषद् (आई.सी.ए.आर.) द्वारा स्थापित के.वी.के. कृषि और संबद्ध क्षेत्रों के विभिन्न पहलुओं पर महिला किसानों सहित किसानों को भी प्रशिक्षण प्रदान करते हैं।

बढ़ रही है महिलाओं की भागीदारी

कृषिक्षेत्र में महिला किसानों की भागीदारी बढ़ाने के लिए सरकार कई उपाय कर रही है। इसमें कुछ योजनाओं के तहत पुरुष किसानों के अलावा महिला किसानों को अतिरिक्त सहायता और सहयोग प्रदान करना शामिल है। विभिन्न लाभार्थी योजनाओं/कार्यक्रमों के तहत महिलाओं के लिए 30 प्रतिशत धनराशि का प्रावधान। इसके अलावा महिला हितैषी पहल करना, जैसे कि कृषि महिला खाद्य सुरक्षा समूहों का सहयोग करना, कृषि में महिलाओं से संबंधित महत्त्वपूर्ण क्षेत्रों में मैक्रो/सूक्ष्म स्तर का अध्ययन करना, राष्ट्रीय/क्षेत्र/राज्य स्तर पर प्रशिक्षण कार्यक्रमों के माध्यम से जेंडर लर्निंग पर जेंडर सेंसिटाइजेशन मॉड्यूल का वितरण करना, लिंग अनुकूल उपकरणों/प्रौद्योगिकियों का प्रलेखन और संकलन, कृषि महिला हितैषी हैंडबुक और महिला किसानों की बेहतरीन सफलता की कहानियों का संकलन आदि अनेक कार्य सरकार द्वारा किए जा रहे हैं।

इसके अलावा भी सरकार समय-समय पर किसानों या यों कहें कि ग्रामीण और छोटे व्यापार में संलग्न लोगों के रोजगार को बढ़ाने के लिए कई योजनाएँ बनाती रहती है। जिससे सरकार की योजनाओं का सीधा लाभ जनता तक पहुँच सके। इन योजनाओं में कुछ प्रमुख योजनाएँ हैं—

प्रधानमंत्री किसान सम्मान निधि योजना

भारत सरकार की महत्त्वपूर्ण योजनाओं में 'प्रधानमंत्री किसान सम्मान निधि' एक योजना है। इस योजना की शुरुआत वर्ष 2018 के रबी सीजन में की गई थी। इस स्कीम के अंतर्गत किसान को 6,000 रुपए प्रतिवर्ष तीन किस्तों में प्राप्त होते है और यह सहायता राशि सीधे उनके बैंक खाते में आती

है। प्रत्येक चार माह के पश्चात् किसान को 2,000 रुपए की सहायता राशि प्राप्त होती है। आपको बता दें, कि इस योजना के अंतर्गत सरकार द्वारा 8 किस्त जारी की जा चुकी है और अब किसानों 9वीं किस्त जल्द ही मिलने की संभावना है। इस स्कीम के माध्यम से किसानों को आर्थिक स्थिति सुधारने में काफी सहायता मिलती है। आपको बता दें कि प्रधानमंत्री किसान सम्मान निधि योजना किसानों के लिए बहुत ही लाभकारी योजना है।

प्रधानमंत्री फसल बीमा योजना

यह महत्त्वपूर्ण योजना प्रधानमंत्री नरेंद्र मोदी के द्वारा 18 फरवरी, 2016 को शुरू की गई थी। अकसर किसानों को तैयार फसल आँधी, ओलावृष्टि और घनघोर बारिश जैसी प्राकृतिक आपदाओं के कारण नष्ट हो जाती है। ऐसे में किसानों के सामने अपना जीवन निर्वाह करने की समस्या उत्पन्न हो जाती है, जिसके कारण किसान आत्महत्या भी कर लेते हैं।

इस प्रकार की समस्याओं को देखते हुए सरकार द्वारा 'प्रधानमंत्री फसल बीमा योजना' की शुरुआत की गई है। इस योजना के अंतर्गत बुआई के पहले से और फसल की कटाई के बाद तक के लिए बीमा सुरक्षा मिलती है। फसल बीमा योजना के तहत रबी, खरीफ की फसल के साथ-साथ कारोबारी और बागवानी फसलों को भी शामिल किया गया है। आपको बता दें कि किसान को खरीफ फसलों के लिए दो प्रतिशत और रबी फसलों के लिए 1.5 प्रतिशत का प्रीमियम भुगतान करना होता है।

किसान क्रेडिट कार्ड योजना

किसान क्रेडिट कार्ड (KCC) की शुरुआत भारत सरकार द्वारा वर्ष 1998 में की गई थी। किसानों को इस कार्ड की सहायता से पर्याप्त ऋण (लोन) बहुत ही आसानी से मिल जाता है। जिससे किसान कृषि से संबंधित खाद-बीज, कीटनाशक आदि सामग्री खरीद सकते हैं। सबसे खास बात यह है कि इस कार्ड से 5 वर्षों में 3 लाख तक का लोन ले सकते हैं। यदि किसान

इस कार्ड पर लिए गए लोन को एक वर्ष के अंदर ही वापस कर देते हैं तो उन्हें ब्याज दर में 3 प्रतिशत की छूट मिलती है। इसके अलावा किसानों को अचानक धन की आवश्यकता होने पर भी वे इस योजना के माध्यम से धन की प्राप्ति तत्काल कर सकते हैं।

प्रधानमंत्री किसान मानधन योजना

केंद्र की मोदी सरकार ने नौकरीपेशा लोगों की तरह किसानों के लिए पेंशन योजना की सौगात दी है। इस स्कीम के अंतर्गत किसानों को 60 वर्ष की आयु पूरी करने के पश्चात् न्यूनतम 3,000 रुपए पेंशन दी जाती है।

योजना का लाभ प्राप्त करने के लिए किसानों को 55 रुपए से लेकर 200 रुपए तक प्रतिमाह 60 वर्ष की आयु तक जमा करना होता है, जैसे ही किसान अपनी 60 वर्ष की आयु पूरी करता है, उन्हें पेंशन मिलनी शुरू हो जाती है। इस योजना की सबसे खास बात यह है कि इस स्कीम में जितना योगदान किसान का होता है, उतना ही योगदान सरकार करती है। यदि किसी कारणवश किसान की मृत्यु हो जाती है तो किसान की पत्नी को पारिवारिक पेंशन के रूप में 50 प्रतिशत पेंशन प्राप्त होती है।

स्माम किसान योजना

आधुनिकता के इस दौर में देश में ऐसे बहुत से किसान है, जो कृषि कार्यों में आज भी पुराने यंत्रों का उपयोग करते हैं। धन के अभाव में वह नए यंत्र खरीदने में असमर्थ होते हैं। किसानों की इस समस्या को देखते हुए केंद्र सरकार द्वारा स्माम किसान योजना की शुरुआत की गई है। इस स्कीम के माध्यम से किसान खेती करनेवाले उपकरणों को आसानी से खरीद सकते हैं। सबसे खास बात यह है कि उपकरणों की खरीद पर उन्हें छूट भी प्रदान की जाती है। सरकार द्वारा इस योजना को शुरू करने का मुख्य उद्देश्य किसानों को खेती करने में किसी प्रकार की समस्या न हो और वे बेहतर फसल का उत्पादन कर अपने जीवन स्तर को सुधार सकें।

पीएम कुसुम योजना

भारत के ग्रामीण क्षेत्रों में बिजली की समस्या अभी भी गंभीर बनी हुई है, जब किसानों के खेत को पानी की आवश्यकता होती है तो उन्हें समय से बिजली नहीं मिल पाती है। पानी के अभाव में उनकी फसलें प्रभावित हो जाती हैं।

किसान भाइयों को निर्बाध बिजली उपलब्ध कराने के उद्देश्य से सरकार की तरफ से पीएम कुसुम योजना (PM Kusum Scheme) चलाई जा रही है। इस स्कीम के अंतर्गत किसानों को सोलर पैनल सब्सिडी पर मिलते हैं, जिससे वे बिजली का उत्पादन कर अपनी आवश्यकता के अनुसार इसका प्रयोग करने के बाद बाकी को बेच कर अतिरिक्त आय अर्जित कर सकते हैं।

डेयरी उद्यमिता विकास योजना (डी.ई.डी.एस.)

किसानों की आय को बढ़ाने और उनके जीवन स्तर को सुधारने के उद्देश्य से डेयरी उद्यमिता विकास योजना (डी.ई.डी.एस.) का संचालन केंद्र सरकार द्वारा किया जा रहा है। हमारे देश के लगभग सभी किसान पशुपालन अवश्य करते हैं। सरकार का मानना है कि यदि यह कार्य एक बड़े पैमाने पर किया जाए तो अच्छी मात्रा में दुग्ध उत्पादन किया जा सकता है और किसान भाई अपनी आय बढ़ा सकते हैं। इस योजना का लाभ लेकर किसान या पशुपालक नई डेयरी की स्थापना कर सकते हैं, यदि वह पहले से डेयरी चला रहे हैं तो उसे आगे बढ़ा सकते हैं। इस योजना के माध्यम से किसान को अनुदान दिए जाने का प्रावधान किया गया है, इसके साथ ही किसान भाई प्रशिक्षण भी ले सकते हैं।

पशुधन बीमा योजना

इस योजना की शुरुआत मुख्यत: दो उद्देश्यों से की गई है। किसानों या पशुपालकों को पशुओं की अचानक मृत्यु हो जाने पर उन्हें बड़ी आर्थिक क्षति होती है। इस प्रकार की क्षतिपूर्ति के लिए केंद्र सरकार द्वारा पशुधन बीमा

योजना चलाई जा रही है। योजना के अंतर्गत दुधारू मवेशियों और भैंसों का बीमा उनके अधिकतम वर्तमान बाजार मूल्य पर किया जाता है। बीमा का प्रीमियम 50 प्रतिशत तक अनुदानित होता है। अनुदान की पूरी लागत केंद्र सरकार द्वारा वहन की जाती है। अनुदान का लाभ अधिकतम 2 पशु प्रति लाभार्थी को अधिकतम तीन वर्ष की एक पॉलिसी के लिए मिलता है। इसके साथ ही इस स्कीम के अंतर्गत यदि कोई किसान अपने पशुओं की बिक्री कर देता है और बीमा पॉलिसी की अवधि समाप्त न हुई हो तो बीमा पॉलिसी की शेष अवधि का लाभ नए स्वामी को हस्तांतरित किया जाएगा।

मृदा स्वास्थ्य कार्ड योजना

किसान अपने खेतों में उत्पादन बढ़ाने के लिए संतुलित उर्वरक का उपयोग कर रहे हैं, जिसके कारण मिट्टी उत्पादकता निरंतर कम होती जा रही है, इसके साथ ही फसलों में विभिन्न प्रकार के नए-नए रोग लग रहे हैं। खेत की उत्पादकता बढ़ाने की जगह निरंतर कम होती चली जा रही है, जबकि दूसरी तरफ अधिक उर्वरक तथा रोग के लिए कीटनाशक उपयोग करने से कृषि खर्च भी बढ़ रहा है। इस प्रकार की समस्या से निपटने के लिए केंद्र सरकार द्वारा 'मृदा स्वास्थ्य कार्ड योजना' संचालित की जा रही है। जिसमें किसानों के खेतों की मिट्टी की जाँच निःशुल्क की जाती है। खेत की मिट्टी की जाँच के दौरान यह ज्ञात हो जाता है कि किसान के खेत में किस तत्त्व की कमी है।

राष्ट्रीय सुरक्षा मिशन योजना

हमारे देश की जनसंख्या लगातार बढ़ती जा रही है। ऐसे में सभी को भोजन सुनिश्चित कराने के लिए केंद्र सरकार ने कृषि को बढ़ावा देने के लिए 'राष्ट्रीय खाद्य सुरक्षा मिशन योजना' की शुरुआत की है। इस योजना का मुख्य उद्देश्य गेहूँ, चावल व दलहन की उत्पादकता में वृद्धि करना है, ताकि देश में खाद्य सुरक्षा की स्थिति को सुनिश्चित किया जा सके।

आपको बता दें कि इस योजना के अंतर्गत चावल राष्ट्रीय खाद्य सुरक्षा मिशन, गेहूँ राष्ट्रीय खाद्य सुरक्षा मिशन तथा दलहन राष्ट्रीय सुरक्षा मिशन को शामिल किया गया है। इस योजना के अंतर्गत चावल के लिए 14 राज्य, गेहूँ के लिए 9 राज्य तथा दलहन के लिए 16 राज्यों को शामिल किया गया है।

सॉयल हेल्थ कार्ड योजना

खेत में बीज बोने के बाद फसलों की सेहत से संबंधित जानकारी होना भी एक अहम बिंदु है। जिस प्रकार मनुष्य के कुछ भी खाने-पीने पर उसका सीधा प्रभाव उनके स्वास्थ्य पर पड़ता है, ठीक उसी प्रकार फसलों को दिए गए खाद, पानी आदि का फसल पर क्या प्रभाव पड़ रहा है, इसकी जानकारी के लिए सरकार द्वारा सॉयल हेल्थ कार्ड योजना की शुरुआत की गई है। फसलों को कब और कितनी मात्रा में क्या चीज देनी है, इसकी सटीक जानकारी होने पर स्वाभाविक रूप से उत्पादन क्षमता बढ़ जाएगी, जिससे उन्हें अच्छी आय प्राप्त होगी। आपको बता दें कि वर्ष 2015 से 2017 के बीच 10.73 करोड़ सॉयल हेल्थ कार्ड बनाए गए, जबकि 2017 से 2019 के बीच यह आँकड़ा 10.69 रहा है।

जैविक खेती योजना

वर्तमान समय में उत्पादकता बढ़ाने के लिए किसानों द्वारा रासायनिक खाद का इस्तेमाल अधिक किया जा रहा है, जिससे उत्पन्न अनाज, सब्जियों को खाकर लोग बीमार पड़ जाते हैं। इस समस्या को देखते हुए केंद्र सरकार द्वारा जैविक खेती योजना को बढ़ावा देने का हर संभव प्रयास किया जा रहा है। जैविक खेती के अंतर्गत परंपरागत कृषि विकास योजना की शुरुआत की गई, जिसके तहत किसानों को बताया गया कि प्राकृतिक रूप से किस प्रकार कृषि की जाए और उस वक्त अनाज, साग-सब्जी का उत्पादन किया जाए। यहाँ तक कि जैविक खेती करनेवाले किसानों को सरकार की तरफ से पुरस्कृत भी किया जाता है। कृषि मंत्रालय से प्राप्त जानकारी के अनुसार,

इस समय देश भर में 27.10 लाख हेक्टेयर जमीन पर जैविक खेती की जा रही है।

विशेषज्ञों का मानना है कि अगर कृषि में महिलाओं को बराबर का दर्जा मिले तो कृषि कार्यों में महिलाओं की बढ़ती संख्या से उत्पादन में बढ़ोतरी हो सकती है, भूख और कुपोषण को भी रोका जा सकता है। इसके अलावा ग्रामीण आजीविका में सुधार होगा, इसका लाभ पुरुष और महिलाओं, दोनों को होगा। सरकार की विभिन्न नीतियों जैसे जैविक खेती, स्वरोजगार योजना, भारतीय कौशल विकास योजना इत्यादि में महिलाओं को प्राथमिकता दी जा रही है और यदि महिलाओं को अच्छा अवसर तथा सुविधा मिले तो वे देश की कृषि को द्वितीय हरित क्रांति की तरफ ले जाने के साथ देश के विकास का परिदृश्य भी बदल सकती हैं।

कृषि और संबद्ध क्षेत्रों में महिलाओं को और अधिक सशक्त बनाने के लिए तथा उनकी जमीन, ऋण और अन्य सुविधाओं तक पहुँच को बढ़ाने के लिए कृषि एवं किसान कल्याण मंत्रालय ने किसानों के लिए बनी राष्ट्रीय कृषि नीति में उन्हें घरेलू और कृषिभूमि, दोनों पर संयुक्त पट्टे देने जैसे नीतिगत प्रावधान किए हैं। इसके साथ कृषि नीति में उन्हें किसान क्रेडिट कार्ड जारी करना, फसल, पशुधन पद्धतियों, कृषि प्रसंस्करण आदि के माध्यम से आजीविका के अवसरों का सृजन कराए जाने जैसे प्रावधानों की भी शुरुआत की जा रही है।

भारत सरकार ने राज्यों को विधवा, अबला, परित्यक्त और निराश्रित महिलाओं की पहचान करने की सलाह दी है, जिन्हें मनरेगा के तहत 100 दिन का रोजगार प्राप्त हो, जब कृषिक्षेत्र और महिला के उत्थान की बात आती है तो बागवानी की भूमिका को भूलना नहीं चाहिए। यह भारतीय अर्थव्यवस्था में महत्त्वपूर्ण भूमिका निभाती है। बागवानी कृषि गहन श्रमसाध्य क्षेत्र है और इस कारण यह महिला रोजगार के अवसरों को बढ़ाते हैं।

फलों और सब्जियों का इस्तेमाल घरेलू उपभोग के लिए ही नहीं किया जाता है, बल्कि विभिन्न उत्पादों, जैसे—अचार, संसाधित सॉस, जैम, जेली

स्क्वैश आदि के लिए भी जरूरी है। वास्तव में देश के कई राज्यों, जैसे पूर्वी क्षेत्र में सिक्किम, मेघालय, त्रिपुरा, मिजोरम, नागालैंड, अरुणाचल प्रदेश सहित हिमाचल प्रदेश, जम्मू और कश्मीर उत्तर प्रदेश में ग्रामीण महिलाओं के लिए बागवानी एक प्रमुख व्यवसाय है। राष्ट्रीय स्तर पर देखें तो 28.2 लाख टन फल और 66 लाख टन सब्जियों के उत्पादन के साथ भारत विश्व में फलों और सब्जियों का दूसरा सबसे बड़ा उत्पादक है।

आज देश में महिला किसान सरकारी योजनाओं का लाभ प्राप्त करके अपने और अपने परिवार के भविष्य को उज्ज्वल बना रही हैं। कृषि जनगणना के अनुसार, 73.2 प्रतिशत ग्रामीण महिला कृषि गतिविधियों में संलग्न हैं, परंतु केवल 8 प्रतिशत महिलाओं के पास ही भूमि का स्वामित्व है। देश में 83 प्रतिशत कृषिभूमि पुरुष सदस्यों को परिवार से विरासत में मिली है, जबकि महिलाओं को केवल 2 प्रतिशत भूमि ही उत्तराधिकार में मिली है। कृषिक्षेत्र के विकास में महिलाओं का अहम योगदान है। आर्थिक रूप से सक्रिय 80 प्रतिशत महिलाएँ कृषि क्षेत्र में कार्यरत हैं। इनमें से लगभग 33 प्रतिशत मजदूरों के तौर पर और 48 प्रतिशत स्व-नियोजित किसानों के तौर पर कार्य कर रही हैं। एन.एस.एस.ओ. की रिपोर्ट के मुताबिक भारत में लगभग 18 प्रतिशत खेतिहर परिवारों का नेतृत्व महिलाएँ ही करती हैं। कृषि कार्यों के साथ-साथ महिलाएँ बागवानी, मछली पालन, कृषि वानिकी, पशुपालन और मधुमक्खी पालन जैसे कार्यों में भी बखूबी अपना योगदान दे रही है। भारतीय कृषि अनुसंधान परिषद् की ओर से नौ राज्यों में किए गए एक अनुसंधान से पता चला है कि प्रमुख फसलों के उत्पादन में महिलाओं की भागीदारी 75 फीसदी तक रही है। बागवानी में यह आँकड़ा 79 प्रतिशत और फसल कटाई के बाद के कार्यों में 51 फीसदी तक भागीदारी ग्रामीण महिलाओं की है। इसके अलावा पशुपालन और मछली उत्पादन में यह आँकड़ा 95 प्रतिशत तक है।

हमारा देश कृषिप्रधान देश है। आज भी देश की 70 प्रतिशत आबादी गाँवों में रहती है और जीविकोपार्जन के लिए कृषि पर निर्भर है। हमारे देश की कुल जनसंख्या की आधी आबादी महिलाओं की है और वे राष्ट्रीय एवं ग्रामीण

अर्थव्यवस्था के विकास में महत्त्वपूर्ण भूमिका निभाती हैं। हम जब कभी कामकाजी महिलाओं की बात करते हैं तो हमारे मन में टैंपो, बसों में, कारों में और ट्रेनों में हर रोज दफ्तर जानेवाली महिलाओं की छवि अपने आप उभर आती है, लेकिन हम यह नहीं जानते हैं कि देश में हर रोज खेतों में करोड़ों की संख्या में महिला किसान काम करती हैं और वे ग्रामीण अर्थव्यवस्था की रीढ़ मानी जाती हैं, क्योंकि खेती के अनेक कार्यों की जिम्मेदारी से लेकर गृहकार्य की पूरी जिम्मेदारी उन पर ही होती है। कृषिक्षेत्र के कार्यबल में महिलाओं का सबसे बड़ा प्रतिशत शामिल है। दुनिया भर के खेतिहर कार्यबल में उनकी हिस्सेदारी 43 प्रतिशत है और कई देशों में यह 70 प्रतिशत तक है। विकासशील देशों में 80 प्रतिशत कृषि उत्पाद छोटे किसानों के बलबूते होते हैं, जिनका निर्माण अधिकांश ग्रामीण महिलाएँ करती हैं पचास के दशक में महिलाएँ घर के काम-काज तक ही सीमित थीं, परंतु गत दो दशकों से कृषि कार्यों में महिलाओं की भागीदारी बढ़ती ही जा रही है। विकासशील देशों में कृषि कार्यों में उनकी भूमिका अत्यंत महत्त्वपूर्ण है, परंतु अभी भी महिलाओं को ज्यादातर खेतिहर श्रमिक अथवा पुरुष सहायक ही समझा जाता है। अधिकांशतः महिलाओं को खेती के लिए उचित प्रशिक्षण नहीं मिलता और न ही बेहतर फसल होने पर उन्हें प्रोत्साहित किया जाता है। वे एक खेतिहर श्रमिक की भूमिका निभाती आ रही हैं। इसके अलावा हमारे देश तथा अन्य देशों में कृषिकार्य कर रहीं महिलाओं को पुरुषों की अपेक्षा मेहनताना भी बहुत कम मिलता है। ग्रामीण क्षेत्रों में ज्यादातर महिलाएँ खेतों में काम करने के बाद घरेलू काम भी करती हैं, फिर भी इन ग्रामीण महिलाओं को बराबरी का हक नहीं मिलता है।

पीएम मोदी के नेतृत्व में महिला किसानों के विकास के लिए विशेषतौर पर काम किया जा रहा है। इसी कड़ी में अब सहकारी समितियों में महिलाओं को सदस्य बनाना, जिससे महिलाओं को भी सहकारी समितियों से ऋण, तकनीकी मार्गदर्शन कृषि उत्पादों का विपणन आदि की सुविधा उपलब्ध हो सके। महिलाओं को संस्थागत-ऋण प्राप्त हो, इसके लिए खेत पर पति-पत्नी

के नाम पर संयुक्त पट्टा होना चाहिए। इसके लिए भी सरकार महिला किसानों को उनके खेतों पर मालिकाना हक दिलाने का कार्य कर रही है। महिलाओं की कुशलता और उनके कृषि औजारों की क्षमता बढ़ाने के लिए सरकार उन्हें सरल और आसानी से कृषि ऋण मुहैया करवाने का काम भी कर रही है। इसके साथ ही कृषिप्रधान देश के विकास के लिए कृषिकार्यों में जुड़ी ग्रामीण महिलाओं के सशक्तीकरण पर खासतौर पर काम किया जा रहा है।

सरकार के प्रयासों का ही असर है कि आज ग्रामीण क्षेत्रों में अपनी आजीविका के लिए कृषि पर निर्भर महिलाओं का प्रतिशत 84 फीसदी तक है, अगर कृषि क्षेत्र में महिलाओं की भागीदारी की बात करें तो चाय बागानों में लगभग 47 फीसदी, कपास की खेती में 46.84 फीसदी, तिलहन उगाने में 45.43 फीसदी और सब्जी उत्पादन में 39.13 फीसदी महिलाएँ काम करती हैं।

खाद्य एवं कृषि संगठन (FAO) के अनुसार, भारतीय कृषि में महिलाओं का योगदान लगभग 32 प्रतिशत है। पूर्वोत्तर तथा केरल में तो कृषि एवं ग्रामीण अर्थव्यवस्था में महिलाओं का योगदान पुरुषों के मुकाबले कहीं अधिक है। करीब 7.5 करोड़ महिलाएँ दूध उत्पादन और पशुधन प्रबंधन में उल्लेखनीय भूमिका निभा रही हैं।

संसद् में केंद्रीय कृषि मंत्री नरेंद्र सिंह तोमर ने महिला किसानों के विकास पर पूछे गए एक प्रश्न के जवाब में कहा था कि महिला किसान सशक्तीकरण परियोजना एक माँग आधारित कार्यक्रम है। इसमें हर साल राज्यवार आवंटन का कोई प्रावधान नहीं है। कृषि क्षेत्र में महिला किसानों की भागीदारी बढ़ाने के लिए केंद्र सरकार कई उपाय कर रही है। कुछ योजनाओं में पुरुषों के मुकाबले महिलाओं को अधिक मदद दी जा रही है। जिसमें कुछ प्रमुख योजनाएँ इस प्रकार हैं—

- कृषि क्लिनीक एवं एग्री बिजनेस केंद्र नामक योजना के तहत लिए गए बैंक लोन पर सब्सिडी पुरुषों के लिए 36 फीसदी, जबकि महिलाओं के लिए 44 फीसदी है।

- इंटीग्रेटेड स्कीम ऑफ एग्रीकल्चर मार्केटिंग के तहत स्टोरेज इंफ्रास्ट्रक्चर प्रोजेक्ट में पुरुष किसानों को 25 फीसदी की तुलना में महिलाओं के लिए 33.33 फीसदी तक की सीमा तक सहायता दी जाती है।
- कृषि मशीनीकरण में मशीनों की खरीद पर महिलाओं को 10 फीसदी ज्यादा आर्थिक सहायता मिल रही है।
- राष्ट्रीय खाद्य सुरक्षा मिशन के तहत पौध संरक्षण एवं आधुनिक इक्युपमेंट्स के लिए पुरुषों की अपेक्षा 10 फीसदी अधिक आर्थिक मदद दी जा रही है।

पहली बार देश में मोदी सरकार के नेतृत्व में एक ऐतिहासिक फैसला लेते हुए कृषिक्षेत्र में महिलाओं की सक्रिय भागीदारी को बढ़ाने के लिए कृषि मंत्रालय ने साल 2016 में 'महिला किसान दिवस' बनाने की शुरुआत की थी। इसे हर साल 15 अक्तूबर को मनाया जाता है। खेती-किसानी से जुड़ी हर गतिविधि में महिला किसान बढ़-चढ़कर हिस्सा लेती हैं। किसानों की आय को दोगुना करने के उद्देश्य को प्राप्त करने के लिए महिलाओं की भूमिका महत्त्वपूर्ण है। सरकार का प्रयास है कि महिलाओं को समाज के हर क्षेत्र में अग्रणी कार्य देकर उन्हें सक्षम बनाया जाए। इसी कड़ी में अब कृषि और खेतीबाड़ी में महिलाओं का योगदान सराहनीय है। प्रधानमंत्री की विभिन्न महिला केंद्रित लाभकारी योजनाओं 'बेटी बचाओ, बेटी पढ़ाओ' के बारे में जानकारी देते हुए कहा कि इसका उद्देश्य विभिन्न मोर्चों पर महिलाओं को सशक्त बनाना है, ताकि उन्हें सम्मानजनक और आत्मनिर्भर जीवन जीने में मदद मिल सके। वहीं किसानों की आय को दोगुना करने के उद्देश्य को प्राप्त करने के लिए महिलाओं की भूमिका महत्त्वपूर्ण है। साथ ही सरकार कृषि और खेतीबाड़ी के क्षेत्र में महिला नेतृत्व का निर्माण करने के लिए प्रतिबद्ध है, क्योंकि भारतीय महिलाएँ भारतीय कृषि की रीढ़ हैं।

□

2

गौ पालन में महिला किसानों का योगदान

कृषिप्रधान देश भारत में आज भी अधिकांश खेती बैलों द्वारा ही की जाती है, इसलिए बैलों को कर्म व कर्तव्य का प्रथम गुरु माना जा सकता है। बैल तो खेत में काम करते हैं, लेकिन उनकी सेवा घर पर कौन करता है? किसान की पत्नी, यानी कि महिला। इसलिए खेती-किसानी में महिलाओं का योगदान कम-से-कम 50 प्रतिशत तो स्वीकारना ही होगा।

हमारा देश सदा से शाकाहारी राष्ट्र रहा है और संपूर्ण शाकाहार खाद्यान्न बैलों के पुरुषार्थ से ही उत्पन्न होता रहा है, इसलिए बैलों को पालक होने के

कारण पिता भी कहा गया है और नंदी, यानी कि बैल की सेवा महिलाओं द्वारा करके वे सर्वप्रथम पितृऋण से उऋण होती है।

गाय एक तरफ जहाँ इन पुरुषार्थ बैलों को जन्म देती है, दूसरी तरफ वह स्वयं भी दूध व दही द्वारा मानव का पोषण करती है। मानव का पोषण करनेवाली इन गायों की सेवा तो घर की औरतें ही करती हैं। सानी, पानी एवं हर्ज-मर्ज में गायों की सेवा करना, उनका दूध दुहना, बिलौना और उससे पंचगव्य निर्माण करना महिला किसानों का उत्कृष्ट एवं सर्वोपरि कर्म है।

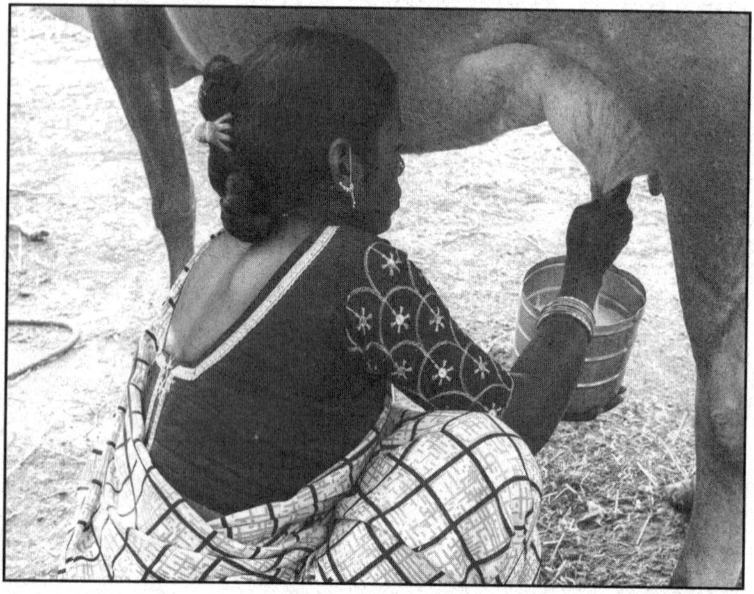

आयुर्वेद में गाय से प्राप्त पंचगव्य तथा गोरोचन के कोटिशः उपयोग निर्दिष्ट हैं। जन्म देनेवाली माता तो कुछ ही महीने बच्चे को दूध पिलाती है, फिर भी कहते हैं कि माँ के दूध का कर्ज कभी अदा नहीं किया जा सकता, लेकिन गाय तो जीवन भर दूध पिलाती है, गोष-डंग से स्वास्थ्य प्रदान करती है, इसलिए इसको 'विश्व की माता' कहा गया है।

कहते हैं कि जहाँ नारी की पूजा होती है, वहाँ देवता निवास करते हैं, ठीक इसी प्रकार के विचार गाय के संदर्भ में अनुकरणीय हैं। परोपकारिणी होने

के कारण श्रद्धा व भक्ति की यह देवी द्वार की शोभा व घर का गौरव मानी जाती है, तभी तो सन् 1857 ईस्वी में सैनिकों ने गाय की चर्बीयुक्त कारतूस के प्रयोग से मना कर दिया था और यहीं से शुरू हुई आजादी प्राप्त करने की जंग। इसके बाद कूका विद्रोह सहित सारा स्वतंत्रता आंदोलन गाय से प्रेरित रहा है। इस कारण गाय को भारत की आजादी की जननी कहा जाता है। आजादी की जननी गाय के साथ-साथ महिला किसानों का भी देश की आजादी में योगदान रहा है। कुंती नामक क्रांतिकारी महिला, जो एक प्रतिष्ठित किसान भी थी, उसने अंग्रेजों की महिलाओं से अपने खेतों में काम करवाया था, 1942 के 'गदर' में; हालाँकि इस कार्य की उन्हें बहुत बड़ी कीमत चुकानी पड़ी थी।

महिला किसानों की देख-रेख में पलनेवाली गायों की संतानों के पुरुषार्थ से मनुष्य सदा अर्थसंपन्न होता आया है। आर्थिक उन्नति से ही मनुष्य सुख-सुविधा पाता है और सुख-सुविधा से जीवनयापन करने को ही स्वर्ग कहा गया है। यदि जीवन के बाद के स्वर्ग की कल्पना को भी सत्य माने तो वह भी गाय के बिना संभव नहीं, क्योंकि स्वर्ग प्रदान करनेवाले धर्मग्रंथ चाहे वेद हों या गीता, उनका आदिज्ञान गाय की छत्रच्छाया में ही प्राप्त हुआ है और गीता के ज्ञान के लिए यशोदा मैया की भूमिका को भी नकारा नहीं जा सकता, जो

एक महिला किसान एवं पशुपालक थी, उन्होंने ही श्रीकृष्ण को गौपालन एवं गौसेवा के संस्कारों से पूरित किया था।

किसान हर फसल की शुरुआत किसी न किसी पर्व को मानकर या परंपरा अनुसार करता है और कोई भी कर्मकांड मिला, महिला के पुरुष अकेला नहीं कर सकता, इसलिए महिला किसानों को अन्नदेवी कहना कोई अतिशयोक्ति नहीं है। आर्यों के यहाँ कोई भी धार्मिक कर्मकांड बिना यज्ञ के किया जाना संभव नहीं और यज्ञ कभी गौघृत और दधि के बिना संपन्न नहीं होते, इसलिए धर्मशास्त्र का पहला अध्याय व स्वर्ग की पहली सीढ़ी गाय ही है और उस सीढ़ी का पहला डंडा घर की महिला किसान है, जो गाय का पालन-पोषण करती है।

महिला किसान निसंदेह अन्नदेवी है और वह मातृतुल्य है हर किसी के लिए। माता मनुष्य को मिला ईश्वर का सबसे उत्तम उपहार है। प्राचीनकाल से ही भारतवंशी गोवंश को मुख्य धन मानते आए हैं, तभी तो इसे गोधन कहा गया है। जिसमें गाय के साथ ही नंदी भी शामिल है। इसलिए हर प्रकार से गौरक्षा, गौसेवा एवं गौ पालन पर जोर दिया जाता रहा है। हमारे हिंदू शास्त्रों, वेदों में गौरक्षा, गौ महिमा, गौ पालन आदि अनेक के प्रसंग मिलते हैं। रामायण, महाभारत, भगवद्गीता जैसे ग्रंथों में भी गाय का किसी-न-किसी रूप में उल्लेख मिलता है। ज्योतिषशास्त्र में गाय माना गया है कि सूर्य आदि नवग्रहों के साथ ही वरुण, वायु आदि देवताओं को यज्ञ में दी हुई प्रत्येक आहुति गाय के घी से देने की परंपरा है, जिससे सूर्य की किरणों को विशेष ऊर्जा मिलती है। यही विशेष ऊर्जा वर्षा का कारण बनती है और वर्षा से ही अन्न, पेड़-पौधों आदि को जीवन मिलता है। ये सारे गुण हमें देसी गाय में ही मिलते हैं। यही कारण है कि हमारे पूर्वज अपने घरों में गौ पालन को महत्त्व देते थे।

घर ईंट-पत्थर से नहीं बनता, घर बनता है, उस घर की औरतों के संस्कारों से, और ये महिला किसानों के संस्कार ही होते हैं कि वे गोपालन में प्रवीण होती हैं। इसलिए प्राचीनकाल में कहा जाता था कि जिसके दरवाजे

पर गाय बँधी होती थी, वहाँ सदैव सुख-शांति का वास रहता था, परंतु समय के साथ जिस तरह इंसान की जीवन-शैली बदली, उसी के समानांतर गाय की सामाजिक स्थिति में भी बदलाव आया है। आज महिला शिक्षित होकर नौकरी कर रही है, यही कारण है कि आज गौ पालन करनेवालों की संख्या में भी काफी कमी आई है, जो निरंतर बढ़ती ही जा रही है। महिलाएँ गौ पालन से विमुख हो रही हैं, फिर भी कुछ पढ़ी-लिखी महिलाएँ भी आजकल कृषि विज्ञान और पशुपालन विज्ञान की डिग्री लेकर पशुपालन में योगदान देने के लिए निरंतर आगे आ रही हैं।

फिर भी इस बात से इनकार नहीं किया जा सकता कि जब गाय दूध देने लायक नहीं रहती, तब उसे यों ही आवारा छोड़ दिया जाता है—ईश्वर भरोसे। वह शहरों-गाँवों की गलियों में भूखी-प्यासी भटकती है। यही हाल नंदी का है। यहाँ-वहाँ बैठने, यातायात रोकने और भूख के चलते दुकानों, रेहड़ियों आदि पर गौमाता एवं नंदी मुँह मारते हैं, कभी किसी के खेत में घुसकर फसल खा जाते हैं। इसके चलते लोग उन पर हमला कर उन्हें घायल कर देते हैं। कई

दफा किसी वाहन के टक्कर से ये गौवंश या तो घायल हो जाते हैं या तो कई दफा वे अपने प्राणों से हाथ धो बैठते हैं, फिर भी ऐसे गोवंश की सेवा करते हुए महिलाओं को देखा जा सकता है।

घायल गौ माताओं एवं नंदी के घाव सड़ने लगते हैं, जिससे उनको तकलीफ होती है। यह दृश्य हर किसी महिला किसान के मन को द्रवित करता है। इसलिए अब हमें अपनी गौमाता के साथ ही नंदी को फिर से सम्मान देने का संकल्प करना पड़ेगा।

इसकी पहल हमें सबसे पहले अपने आसपास से ही शुरू करनी होगी। अपने गाँवों के चौक-चौराहों या सड़कों-गलियों में भूखी-भटकती आवारा गायों और नंदियों को अपनी सामर्थ्य के अनुसार रोटी एवं चारा-पानी की व्यवस्था करनी होगी और यह व्यवस्था केवल महिला किसान ही कर सकती हैं, क्योंकि वे घर सँभालती हैं, घेर सँभालती हैं, पशुओं को सँभालती हैं, दुधारू पशुओं की देखभाल करती हैं, साथ ही पूरे परिवार को भी सँभालती हैं, इसलिए वे ही इन आवारा पशुओं की समस्या से भी निजात दिला सकती हैं। उन्हें गरमियों में गायों के कष्टों का निवारण पानी और छाया प्रदान करके करना होगा।

एक किसान महिला चंद्रो तोमर, जिन्होंने निशानेबाजी में भी कमाल किया था, उनका कहना था कि गाय पालने का अर्थ यह नहीं कि किसी भी गाय को पाला जाए, बल्कि देसी गाय पालने पर जोर देना चाहिए। देसी गाय से प्राप्त होनेवाले पंचगव्य (दूध, दही, घी, गौमूत्र एवं गोबर) में औषधीय गुण होते हैं, अतः हमें देसी गौ पालन के महत्त्व को समझकर देसी गाय ही पालनी चाहिए। चंद्रो तोमर के अनुसार, आज की जीवन-शैली में हालाँकि ऐसे लोगों की संख्या भी काफी है, जो चाहकर भी घरों में गाय नहीं पाल सकते। ऐसे गौभक्त गौशालाओं-नंदीशालाओं में अपना योगदान दे सकते हैं। इसके लिए वे गौशालाओं-नंदीशालाओं को आर्थिक सहयोग देने के साथ ही गौशालाओं की गाय-नंदी को गोद लेकर बतौर संरक्षक उनके भरण-पोषण और स्वास्थ्य की जिम्मेदारी उठा सकते हैं। इससे गौशाला में गायों-नंदियों की

उचित देखभाल की जा सकेगी और गौशाला-नंदीशाला को आर्थिक सहयोग मिलने से वे और अधिक गोवंशों को संरक्षण दे सकेंगे।

महिला किसान चंद्रो तोमर के अनुसार, हमारे देश में प्राचीन परंपरा रही है कि घर में जब भोजन बनाया जाता है तो सर्वप्रथम 'गौ ग्रास' निकाला जाता है। अधिकांश हिंदुओं और जैन धर्मियों के घरों में आज भी यह परंपरा कायम है, परंतु शहरों में गायों की उपलब्धता नहीं होने के कारण रोटियाँ सड़कों पर पड़ी रहती हैं, अमूल्य अन्न लोगों के पैरों तले कुचला जाता है, जो धर्म के अनुसार तो पाप है ही, आर्थिक दृष्टि से भी उचित नहीं है, अत: जिनके निकट में गाय नहीं है, वे प्रतिदिन निकाले जानेवाले गौ ग्रास के अनुसार गौशालाओं-नंदीशालाओं को आर्थिक सहयोग दे सकते हैं और उनके द्वारा निकाला गया गौ ग्रास वास्तव में गाय के भोजन का हिस्सा बने।

सार यही है कि हमें अपने देश में गौवंश को पुनः लोगों, खासकर घर की महिलाओं से जोड़ना है। इसके लिए प्रत्येक महिला किसान को तय करना होगा कि वे किस तरह गौ सेवा में अपना योगदान दे सकती हैं और तय करने के बाद उसे अपनी क्षमतानुसार भागीदारी निभानी होगी। इसलिए या तो महिलाएँ स्वयं के स्तर पर यशोदा बनकर गौवंश के संरक्षण को आगे आएँ या अपने नजदीकी गौशालाओं-नंदीशालाओं को नियमित आर्थिक सहयोग कर गौवंश के प्रति अपने कर्तव्य का पालन करें। पुरुषों की अपेक्षा महिलाएँ ही यह अच्छी तरह कर सकती हैं और पशुपालन को लाभकारी व्यवसाय स्थापित करने के लिए केवल महिला किसान ही कुछ करिश्मा करके दिखा सकती हैं।

□

3

महिला किसानों के लिए उपयोगी कृषि यंत्र

भारत में महिला किसान और मजदूर आमतौर पर खेतों में होनेवाले कार्यों जैसे कुदाल या फावड़े की मदद से गड्ढा खोदना, घास काटना, खरपतवार हटाना, कटाई करना, बेंत का संग्रह, पशुधन की देखभाल आदि सभी कार्यों को अपने हाथों से करती हैं। बुआई से लेकर रोपण, निराई, सिंचाई, उर्वरक डालना, पौध संरक्षण, कटाई, निराई, भंडारण और कृषि से जुड़े अन्य कार्य जैसे कि मवेशी प्रबंधन, चारे का संग्रह, दुग्ध-संग्रहण, मधुमक्खी पालन, मशरूम उत्पादन, सूकर पालन, बकरी पालन, मुरगी पालन इत्यादि में ग्रामीण महिलाएँ पूरी तरह सक्रिय हैं। इसके साथ ही कृषिक्षेत्र के भीतर सामाजिक व आर्थिक स्थिति और क्षेत्रीय कारकों के आधार पर कार्य करनेवाले वैतनिक मजदूरों, अपनी स्वयं की जमीन पर श्रम कर रहीं जोतकारों और कटाई के पश्चात् अभियानों में श्रम पर्यवेक्षण एवं सहभागिता के जरिए कृषि उत्पादन के विभिन्न पहलुओं के प्रबंधन में भी उनकी महत्त्वपूर्ण भूमिका है। विदेशियों की तुलना में भारत महिलाएँ खेतों में हाथ से किए जानेवाले कार्यों को पुरुष किसानों की अपेक्षा ज्यादा करती हैं।

दिलचस्प बात यह है कि भारतीय कृषि में आज भी 8 से 10 करोड़ महिलाएँ कार्यरत हैं और यह क्षेत्र महिलाओं के बिना चल ही नहीं सकता। खेती के लिए जमीन तैयार करने से लेकर बीज चुनने, उन्हें रोपने, खाद-उर्वरक-कीटनाशक लगाने और फिर कटाई, जुताई एवं थ्रेशिंग तक के कार्यों

में महिलाओं की मौजूदगी रहती है। वहीं पशुपालन, मत्स्य पालन और सब्जियों की खेती आदि पूरी तरह महिलाओं पर निर्भर है। इसके बावजूद उन्हें कृषि में पुरुषों के बराबर महत्त्व और आमदनी नहीं हो पाती है।

देश में कृषि के विकास के लिए हमें विभिन्न कृषि परिचालनों के लिए महिलाओं के अनुकूल उपकरण और मशीनरी रखना महत्त्वपूर्ण है। आज भी अधिकांश कृषि मशीनरी ऐसी हैं, जिनका संचालन करना महिलाओं के लिए मुश्किल है। इस समस्या के बेहतर समाधान के लिए निर्माताओं को प्रोत्साहित किया जाना चाहिए।

पशु-चालित उन्नत बक्खर

इस यंत्र में खिंचाव बल कम करने के लिए पारंपरिक सीधे ब्लेड के स्थान पर संशोधित वी ब्लेड लगाया जाता है। वी ब्लेड मिट्टी को काटता है एवं इसके पीछे लगाया गया बेलन मिट्टी के ढेलों को तोड़कर खेत को समतल बनाता है, जिससे मिट्टी में नमी सुरक्षित रहती है।

यंत्र की विशेषताएँ—

1. कार्यकारी चौड़ाई—500 मि.मी.
2. कार्यकारी गहराई—60 मि.मी.
3. कार्य-क्षमता—0.062-0.075 हे./घंटा
4. आवश्यक श्रम—15 श्रमिक कार्य घंटे/हे.
5. अनुमानित मूल्य—4,000 रुपए

पशु चालित पटेला हैरो

यह यंत्र ढेलों को तोड़ने, ठूँठ या कचरा एकत्र करने तथा बुआई के पूर्व खेत को समतल बनाने के लिए उपयोगी है। इसमें साल की लकड़ी या पटिया, कचरा एकत्र करने हेतु हुक-हुक प्रणाली को उठाने तथा एक स्थिति में रोकने के लिए क्रमशः लीवर तथा दाँतेदार पहिया आदि लगाया गया है। यह 1.5 तथा 2.0 मीटर की कार्यकारी चौड़ाई में उपलब्ध है।

यंत्र की विशेषताएँ—

1. कार्यकारी चौड़ाई—1,500 मि.मी.
2. कार्यकारी गहराई—60 मि.मी.
3. कार्य-क्षमता—0.3 हे./घंटा
4. आवश्यक श्रम—3-4 श्रमिक कार्य घंटे/हे.
5. अनुमानित मूल्य—6,000 रुपए

मचाई यंत्र

धान के प्रत्यारोपण हेतु खेत को समान उथली मचाई के लिए गराड़ेदार पहियायुक्त एवं खूँटीदार मचाई यंत्र का उपयोग किया जाता है। यह यंत्र उच्च यांत्रिक छितराव के सिद्धांत पर कार्य करता है। गराड़ेदार पहियायुक्त मचाई यंत्र से मचाई कार्य को संपादित करने हेतु लोहे की चद्दर का पाटा, मुख्य ढाँचा, यंत्र खिंचाव प्रणाली, ऐंगल-युक्त बेलनाकार पहिया आदि लगाए गए हैं। खूँटीदार मचाई यंत्र इकाई में मुख्य ढाँचा, खूँटी, यंत्र खिंचाव प्रणाली इत्यादि लगाई गई हैं।

ट्रैक्टर चालित रोटावेटर

खेत में उचित नमी की अवस्था में बीज शस्य शय्या एक बार के प्रचलन में तैयार कर लिया जाता है। रोटावेटर में लेवलर की सहायता से मिट्टी समतल होती है। इसके मुख्य भाग—कार्बन शाफ्ट ब्लेड गियर बॉक्स असेंबली, स्परगीयर असेंबली बोर्ड इत्यादि हैं। जिस खेत में गहरी जुताई नहीं हुई हो, उस खेत में इस यंत्र से मचाई करके धान की रोपाई की जाती है। इस यंत्र की मदद से 30 से 35 प्रतिशत समय की बचत, 20 से 25 प्रतिशत परिचालन लागत में बचत और 25 से 30 प्रतिशत उच्च गुणवत्तावाला कार्य करते हैं।

यंत्र की विशेषताएँ—

1. कार्यकारी चौड़ाई—1,500 मि.मी.
2. कार्यकारी गहराई—110 मि.मी.

3. कार्यक्षमता—0.31-0.36 हे./घंटा
4. अनुमानित मूल्य—1,25,000 रुपए

पावर टिलर चालित आगर डिगर

इस उपकरण का उपयोग 300 मि.मी. व्यास तथा 450 से 600 मि.मी. गहराई के गड्ढे बनाने हेतु किया जाता है, जिससे बागवानी के कार्य को आसानी से किया जा सके। इस यंत्र का प्रयोग कर 40 से 50 गड्ढे प्रति घंटे बनाए जा सकते हैं, जिसकी अनुमानित राशि 22,000 रुपए है।

मोल हिल

इस हल का प्रयोग अस्थायी तौर पर जल भराववाली गहरी काली मिट्टी में से जल निकासी के लिए किया जाता है। यह 75 अश्वशक्ति ट्रैक्टर के त्रिबिंदु संयोजन से हल को जोड़कर मृदा की सतह से लगभग 600 मि.मी. गहरी पाइप-रहित नालियाँ बनाई जाती हैं। इस नाली की अवधि मिट्टी की भौतिक अवस्था तथा मौसम पर भी निर्भर करती है। इसका उपयोग मानसून की समाप्ति के एक माह के पश्चात् हो सकता है। वांछित गहराई पर नालियाँ बनाने के लिए मिट्टी सुघट्य (प्लास्टिक) अवस्था में होनी चाहिए।

यंत्र की विशेषताएँ—

1. कार्यकारी गहराई—600 मि.मी.
2. कार्य क्षमता—0.42 हे./घंटा (नालियों के बीच की दूरी 2,000 मि.मी.) 0.28 हे./घंटा (नालियों के बीच की दूरी 4,000 मि.मी.) 0.14 हे./घंटा (नालियों के बीच की दूरी 6,000 मि.मी.)
3. अनुमानित राशि—18,000 रुपए

ट्रेक्टर चालित प्लास्टिक मल्च लेइंग मशीन

इस मशीन से प्लास्टिक फिल्म बिछाने (फिल्म की चौड़ाई 600-1,200 मि.मी.) हेतु प्रयोग किया जाता है, ताकि मृदा नमी का दक्षतापूर्ण

संरक्षण एवं उपयोग किया जा सके। प्लास्टिक मल्च का उपयोग अधिक ठंडे मौसम में बीजों के अंकुरण हेतु मृदा के तापमान को बढ़ाकर अंकुरण के अनुकूल बनाने, पर्यावरण तथा मिट्टी की संरचना का रखरखाव एवं खर-पतवार पर नियंत्रण करने के लिए किया जाता। मशीन में 400 मि.मी. व्यास के दो अवतल डिस्क, 350 मि.मी. व्यास के दो न्यूमेटिक प्रेस पहिए, 600 मि.मी. के दो न्यूमेटिक परिवहन पहिए, मिट्टी से प्लास्टिक फिल्म रोल तथा किनारों को ढकने के लिए दो स्क्रेपर्स टेलीस्कोप द्वारा समायोजन रॉड पर मुख्य ढाँचे पर क्लैंप्स की सहायता से लगाए जाते हैं और प्लास्टिक शीट को रोल होल्डर असेंबली पर ऊँचाई तथा चौड़ाई के समायोजन के साथ रखना पड़ता है।

यंत्र की विशेषताएँ—

1. कार्य क्षमता—0.12-0.18 हे./घंटे
2. श्रम आवश्यकता—14.3 कार्य घंटे/हे.
3. फिल्म बिछाने की कार्यकारी चौड़ाई—600-1,200 मि.मी.
4. अनुमानित राशि—55,000 रुपए

बुआई एवं रोपाई यंत्र/मानव चालित रोप छिद्रक (डिब्लर)

नवीन रोप छिद्रक (डिब्लर) से अच्छी तरह तैयार खेत में बड़े या मध्यम आकार की बीज की बुआई करने या अंतर को पूरा करने के लिए उपयोग किया जाता है। इसमें जॉ प्रकार की बीज डालने की प्रणाली, लकड़ी की गड्ढेदार मापक प्रणाली, जॉ के लिए लीवर प्रकार की प्रचालन प्रणाली, बीज बक्सा-हत्था एवं बीज निकास द्वार लगे होते हैं। चक्रीय रोप छिद्रक (रोटरी डिब्लर) से अच्छी तरह तैयार किए गए खेत में बड़े अथवा मध्यम आकार के बीजों की बुआई कतारों में पौधे से पौधे की नियमित दूरी पर की जाती है। इसमें बीज हॉपर, बीज निकास जॉ, जॉ प्रचालन लीवर, लकड़ी का रोलर, हत्था, परिवहन तथा मिट्टी दबानेवाला पहिया आदि लगे होते हैं।

मानव चालित धान बुआई यंत्र

इस यंत्र से अंकुरित धान को मचाई किए गए खेत में बुआई किया जाता है। यह यंत्र 4 से 8 कतारों में बुआई करनेवाले यंत्र के रूप में उपलब्ध है। इसमें कतार से कतार को दूरी 200 मि.मी. है। लगड पहिया की सहायता से ड्रम को हिलाते हैं, जिससे कि धान के बीज स्वतंत्र रूप से कतार में गिर सके। बीज को नियंत्रण करने के लिए बीज के छिद्र को बंद किया जाता है।

पशु चालित बुआई यंत्र

द्विकतारी बीज बुआई यंत्र, द्विकतारी बीज सह-उर्वरक बुआई यंत्र, तीन कतारी बीज बुआई यंत्र, तीन कतारी बीज सह-उर्वरक बुआई यंत्र एवं प्लांटर का उपयोग छोटे, मध्यम एवं बड़े आकार के बीज (सरसों, सोयाबीन, मक्का, मूँगफली इत्यादि) की बुआई वर्षा सिंचित काली मिट्टी वाले क्षेत्र में बोया जाता है। इस यंत्र में मुख्य ढाँचा—मापक प्रणाली सहित उर्वरक एवं बीज बॉक्स, चेन एवं दाँतेदार पहियायुक्त प्रचालन पहिए इत्यादि हैं तथा कुंड बनाने के लिए शू प्रणाली के बूट लगाकर बीज को वांछित गहराई पर बुआई की जाती है। बैल-चालित प्लांटर में अवनत प्लेट-युक्त मापक प्रणाली से पौधे से पौधे की निश्चित दूरी पर बुआई की जाती है।

पावर टिलर चालित बुआई यंत्र

पावर टिलर चालित बीज बुआई यंत्र 8 से 10 अश्वशक्ति के पावर टिलर के साथ चलाने हेतु विकसित किया गया है, जो बीज व उर्वरक की कतार में बुआई करता है। इस यंत्र का मुख्य ढाँचा—बीज एवं उर्वरक बॉक्स प्रणाली, परिवहन पहिया, कुंड बनानेवाला यूनिट, खिंचाव प्रणाली, हैंडिल इत्यादि है। इस यंत्र को कई एक व्यक्ति स्वयं चलाकर सोयाबीन, गेहूँ, चना, ज्वार इत्यादि की बुआई कर सकते हैं।

पावर टिलर चालित जुताई एवं बुआई यंत्र गेहूँ

यह यंत्र खेत को तैयार करने के साथ-साथ बीज एवं उर्वरक की बुआई करता है। इसको चलाने के लिए 10-12 अश्वशक्ति का पावर टिलर उपयोग में लाया जाता है। इस मशीन को प्रचालक सीट पर बैठकर चलाता है। इसमें जुताई यूनिट के साथ मुख्य ढाँचा—बीज एवं उर्वरक बॉक्स, परिवहन व प्रचालन पहिया इत्यादि लगाए गए हैं।

ट्रेक्टर चालित बुआई यंत्र

छह कतारोंवाली अवनत प्लेट प्लांटर से छोटे व बड़े प्रकार के बीज के लिए उपयुक्त है। बीज के अनुसार प्लेट का चयन करके बुआई की जा सकती है। प्रत्येक कतार के लिए बीज अवनत प्लेट-युक्त मापन प्रणाली, उर्वरक बॉक्स इत्यादि लगे होते हैं और कतार से कतार की दूरी को भी समायोजित कर सकते हैं। छह कतारवाली वायवीय (न्यूमेटिक) प्लांटर के द्वारा पूर्व निर्धारित बीज से बीज एवं कतार से कतार के अंतराल पर बीज की बुआई की जाती है। यह यंत्र छोटे व बड़े विभिन्न प्रकार के बीज के लिए उपयुक्त है। इसमें मुख्य ढाँचा—हवा चुसक प्रणाली, सेल की तरह की मापन प्रणाली, बीज बॉक्स, कुंड बनानेवाली यूनिट एवं पी.टी.ओ. चालित शॉफ्ट, प्रचालन पहिया इत्यादि लगाए गए हैं। ट्रैक्टर चलित जीरो टिल सीड ड्रिल से धान की कटाई के उपरांत खेत को बिना जुताई के गेहूँ की बुआई हेतु उपयोग किया जाता है। इसमें 9 कतारों हेतु बीज एवं खाद मापक प्रणाली एवं इनवर्टेड टी प्रकार के कुड लगे हुए हैं। इस मशीन क उपयोग से समय एवं प्रचालन लागत में क्रमशः 56 प्रतिशत एवं 43 प्रतिशत की बचत होती है। ट्रैक्टर चलित उत्थित क्यारी (रेज्ड बेड) प्लांटर से गेहूँ, चना, सोयाबीन इत्यादि फसलें उत्थित क्यारी पर बुआई की जाती है। इसके मुख्य भाग—बीज सह उर्वरक बॉक्स (रेज्ड बेड), उत्थित क्यारी यूनिट, नाली बनानेवाली यूनिट, बेड शेपर इत्यादि हैं। परंपरागत विधि की अपेक्षा पैदावार में वृद्धि एवं सिंचाई जल में बचत क्रमशः 20 प्रतिशत एवं 25 से 30 प्रतिशत तक प्राप्त होती है।

ट्रैक्टर चालित सब्जी रोपाई यंत्र

इस यंत्र के द्वारा बैंगन, टमाटर, मिर्च, बंदगोभी, फूलगोभी इत्यादि के पौधों की रोपाई की जाती है। इस मशीन के द्वारा दो तथा चार कतारों में 20 से 25 दिन के सब्जी के पौधों की रोपाई की जाती है। इसके मुख्य भाग—ढाँचा, रोपाई टैक, रोपाई फिंगर, पहियादार मापक यूनिट तथा रोपाई के बाद रोप को मिट्टी से ढकनेवाले यूनिट हैं। इस यंत्र के साथ रोपित पौधों को पानी देनेवाली यूनिट भी उपलब्ध है।

धान रोपाई यंत्र

धान रोपाई यंत्र से मचाई किए गए खेत में चटाई प्रणाली के धान के पौधों का प्रतिरोपण किया जाता है। छह कतारी मानव चालित यंत्र में हत्था, पौधे पकड़नेवाली प्रणाली, पौध ट्रे, रोपक प्रणाली (इंडेकासिंग प्रणाली) मुख्य ढाँचा, लकड़ी के उत्पलावक पट्टी आदि लगे होते हैं। आठ कतारी स्वचालित धान रोपाई यंत्र में 5.5 अश्वशक्ति का इंजन लगाया गया है। इसमें कतार से कतार के बीज की दूरी 238 मि.मी. तथा पौधे से पौधे की दूरी 100-120 मि.मी. प्राप्त होती है। इसमें क्रेकिंग प्रकार की रोपक प्रणाली है, जिससे आवश्यक समायोजन कर रोपक पौधों के बीज की दूरी समायोजित की जा सकती है।

निराई-गुड़ाई करनेवाले मानव चालित यंत्र

मानव द्वारा चलाए जानेवाले इन यंत्रों द्वारा निराई एवं गुड़ाई का कार्य आसानी से किया जा सकता है। इन उपकरणों का उपयोग कतारीय फसलों में किया जाता है। खुरचनेवाले निराई यंत्र में एक लंबा हत्था, फेरूल, तीन स्वीप प्रकार की ब्लेड इत्यादि लगे होते हैं। इस यंत्र को मिट्टी की सतह पर खींचने से ऊपरी सतह के साथ खर-पतवार भी उखड़ जाते हैं। खूँटीदार शुष्क भूमि निराई यंत्र में हत्था, समायोजनीय वी ब्लेड तथा खूँटी-युक्त रोलर लगाया गया है। शुष्क भूमि की ऊपरी परत को खूँटी-युक्त रोलर से तोड़ा जाता है, जबकि खरपतवार को उखाड़ना तथा मिट्टी की गुड़ाई ब्लेड को

आगे-पीछे धकेलकर तथा खींचकर की जाती है। एकल पहिया निराई यंत्र में पहिया, ढाँचा, हत्था, समायोजनीय वी ब्लेड आदि लगे है इस इकाई को आगे धकेलकर तथा पीछे खींचकर खर-पतवार को काटकर उखाड़ा जाता है। द्विपहिया निराई यंत्र में एक द्विपहिया ढाँचा, वी ब्लेड, यू क्लैंप, हत्था आदि लगे होते हैं। इस इकाई को भी आगे धकेलकर तथा पीछे खींचकर खर-पतवार को काटा व उखाड़ा जाता है। शंकुकार निराई यंत्र जलमग्न धान के खेत में दो कतारों के बीज निराई-गुड़ाई करने के लिए उपयुक्त है, इसमें दो शंक्वाकार बेलनों पर कतार में लगे ब्लेड, हत्था तथा संग्रहण बॉक्स लगे होते हैं।

पावर टिलर चालित निराई-गुड़ाई यंत्र

यह उपकरण 8 से 10 अश्वशक्ति के आकार के पावर टिलर हेतु बनाया गया है। इसके द्वारा चौड़े अंतरवाली फसलों की निराई-गुड़ाई एक मानव के द्वारा की जा सकती है। इस यंत्र में स्वीप टाईप के ब्लेड, मुख्य ढाँचा हत्था, प्रचालन पहिया एवं खिंचाव प्रणाली इत्यादि लगे होते हैं।

ट्रैक्टर चालित छह कतारी अंकुरण पूर्व खर-पतवारीनाशी छिड़काव यंत्र

इस यंत्र से सोयाबीन, अरहर इत्यादि के फसलों की बुआई के समय खर-पतवारनाशी रसायानों के छिड़काव हेतु उपयोग किया जाता है। यंत्र के मुख्य भाग—छह नोजल, पिस्टन पंप, दाब नियंत्रक वाल्व, दाब मापी, पाइप, बीज सह खाद उन्नत यंत्र इत्यादि हैं। फसल की कतार से कतार की दूरी के अनुसार नोजल को समायोजित किया जाता है। इस यंत्र के उपयोग से 40 से 50 प्रतिशत खर-पतवारनाशक की बचत होती है।

पशु व ट्रैक्टर चालित खुदाई यंत्र

मिट्टी से मूँगफली, आलू इत्यादि की खुदाई एक श्रमसाध्य तथा कठोर परिश्रमवाला कार्य है। पशु चालित खुदाई यंत्र में बीज, ढाँचा,

हत्था, प्रचालन पहिया, गहराई समयोजन प्रणाली तथा वी ब्लेड आदि लगे होते हैं। इसमें झुंड अथवा छितरायी प्रकार की मूँगफली फसलों के लिए क्रमशः 300 तथा 450 मि.मी. चौड़ाई के ब्लेडों का प्रयोग किया जाता है। ट्रैक्टर चलित मूँगफली खुदाई यंत्र से मूँगफली के पौधे मिट्टी के सतह पर लाए जाते हैं तथा मिट्टी की सतह पर लाई गई फलियों को हाथ से एकत्र कर लिया जाता है। यह यंत्र 25 से 35 अश्वशक्ति के ट्रैक्टर द्वारा चलाया जाता है।

फसल गहाई उपकरण (अक्षोय प्रवाह गहाई यंत्र)

अक्षीय प्रवाह बहुफसलीय गहाई यंत्र में फसल का प्रवाह सिलेंडर के ऊपर अक्षीय दिशा में होने के कारण फसल से अनाज अलग करने के लिए अधिक घर्षण-शक्ति प्राप्त होती है। यह गेहूँ, सोयाबीन, ज्वार, मक्का, अरहर, धान, सूर्यमुखी तथा कुसुम की गहाई के लिए उपयुक्त है। यह 7.5 अश्वशक्ति की थ्री फेज विद्युत् मोटर द्वारा प्रचालित किया जाता है और इसमें फसल भरण सूप (रेस्पबार) पत्तीयुक्त सिलेंडर, अवतल, अर्धवृत्ताकार प्लेट, ब्लोअर, छलनी तथा रबड़ के परिवहन पहिए लगे होते हैं। उच्च क्षमतावाली बहुफसलीय गहाई यंत्र से गेहूँ, मक्का, ज्वार, चना, सोयाबीन, अरहर तथा सूर्यमुखी इत्यादि फसलों की गहाई के लिए प्रयुक्त है। यह 20 अश्वशक्ति की थ्री फेज मोटर अथवा 35 अश्वशक्ति के टैक्टर पी.टी.ओ. द्वारा चलाया जा सकता है। इसमें स्वचालित फसल भराई के लिए भरण सूप, स्पाइक टूथ सिलेंडर, तीन एस्पीरेटर ब्लोअर, हिच प्रणाली तथा रबड़ के परिवहन पहिए लगे होते हैं। उच्च क्षमतावाले अरहर गहाई यंत्र से अरहर की गहाई की जाती है। इसके मुख्य अंग— स्वचलित फसल भराई यूनिट, स्पाइक प्रकार थ्रेशिंग सिलेंडर, दो नग एसपीरेटर ब्लोअर, शेकिंग यूनिट तथा परिवहन पहिए हैं। यह यंत्र भाड़े पर तथा वृहद् स्तर पर अरहर उगानेवाले कृषकों के लिए अत्यंत उपयोगी एवं उन्नत यंत्र है।

कदन्न फसलों हेतु गहाई यंत्र

इस यंत्र से कोदों व कुटकी की जैसी कदन्न फसलों की गहाई का कार्य किया जाता है। इस मशीन के प्रचालन के लिए 2 किलो वॉट सिंगल फेज विद्युत् मोटर की आवश्यकता होती है। इस मशीन के मुख्य भाग—गहाई व मड़ाई यूनिट, ब्लोवर, छन्नी, कॉनकेव एवं मुख्य ढाँचा है।

ट्रैक्टर चालित स्ट्रीरीपर कंबाइन हार्वेस्टर

यह यंत्र 35 अश्वशक्ति ट्रैक्टर के पी.टी.ओ. से चलाया जाता है। इस मशीन में भूसा इकट्ठा करने के लिए मानकवाली यूनिट, काटनेवाली स्टैंडर्ड कटरबार, आगर प्रकार की फीडिंग यूनिट, थ्रेशिंग ड्रम ब्लोअर तथा दाना एकत्र करनेवाली ट्रे इत्यादि लगी हुई है। भूसा, गहाई के उपरांत बिन में एकत्र हो जाता है। बिन स्ट्रारीपर के फ्रेम पर स्थित है। जब भूसा का बिन भर जाता है, तब भूसे को उचित स्थान पर हाइड्रोलिक की सहायता से खाली कर देते हैं। यह यंत्र चलाने में ज्यादा सुविधाजनक तथा इससे संपूर्ण कटाई का कार्य आसानी से किया जा सकता है। मशीन को खेत में मोड़ने के लिए कम प्रयास और जगह की जरूरत होती है। ट्रॉली में भूसी छोड़ने तथा उसे उड़ने से बचाने के लिए ट्रॉली में हुड लगा होता है।

नोट : इन यंत्रों के विषय में जानकारी देने का मकसद है कि महिला किसान समय के अनुसार अपनी कृषि में इनका प्रयोग करके अपने व्यवसाय को बढ़ा सकें।

संदर्भ : इस चैप्टर में कृषि मंत्रालय से विशेष जानकारी ली गई है, इसलिए कृषि मंत्रालय का विशेष आभार एवं धन्यवाद।

□

4

रुबीना तबस्सुम (कश्मीर)

"फूलों की दुकानें खोलो, खुश्बू का व्यापार करो
इश्क खता है, तो ये खता एक बार नहीं, सौ बार करो।"

मशहूर शायर 'राहत इंदौरीजी' की फूलों पर यह शायरी रुबीना तबस्सुम के फूलों के व्यापार पर सटीक बैठती है। श्रीनगर के बडगाम में रहनेवाली रुबीनाजी घाटी की पहली ऐसी महिला है, जिन्होंने फूलों की खेती और व्यापार से देश में अपने राज्य का नाम रोशन किया है।

मैंने जब उनसे साक्षात्कार शुरू किया तो उनकी पहली ही लाइन कि 'आप रोजगार देनेवाले बने न कि रोजगार माँगनेवाले,' ने मुझे याद करा दिया कि प्रधानमंत्री नरेंद्र मोदी के नेतृत्व में उनके दिखाए 'आत्मनिर्भर भारत' के सपने को देश के कोने-कोने में लोग अपनी कड़ी मेहनत और नई सोच से साकार करने के प्रयास में लगे हैं। इस कड़ी में अधिकतर वो लोग शामिल हैं, जो बिना समाज, सरकार और हालात को दोष दिए सिर्फ और सिर्फ अपना काम करने में जुटे हैं। इसमें से ही एक हैं रुबीना तबस्सुमजी।

फूलों की खेती के विषय में रुबीना तबस्सुमजी बताती हैं कि यह कार्य मेरे लिए केवल धन कमाने का जरिया नहीं है, बल्कि इसके जरिए मैं अपनी घाटी के लिए भी कुछ करना चाहती थी, जिससे यहाँ के लोगों को ज्यादा-से-ज्यादा रोजगार मिल सके। हमारे देश में फूलों की खेती कोई नहीं बात नहीं

है, हमारे यहाँ सदियों से हर त्योहार खुशी और गम में फूलों से सजावट का चलन हर धर्म, हर घर और हर प्रांत में रहा है। दिलचस्प बात यह है कि अब आप फूलों की खेती से आर्थिक रूप से भी अपने को सक्षम बना सकते हैं। बधाई देने के लिए गुलदस्ते और उपहारों के स्वरूप में अब फूलों के देने के चलन में तेजी से वृद्धि हुई है।

फूलों का प्रयोग अब सजावट और औषधि के लिए किया जाना लगा है। इसके अलावा घरों और दफ्तरों को सजाने के लिए भी फूलों के चलन में तेजी आई है। देश के साथ-साथ अब विदेशों में भी भारतीय फूलों की माँग में बढ़ोतरी हुई है।

रुबीनाजी बताती हैं कि उनके घर में हमेशा से ही पढ़ाई का माहौल रहा। जहाँ उनके दादाजी भी शिक्षित थे, उसी राह पर चलते हुए उनके पिताजी ने भी पढ़कर लिखकर एक अच्छी कंपनी में नौकरी की वहीं माताजी एक गृहिणी थी। हम परिवार में 4 बहनें और एक भाई थे, पर घर में कभी भी पढ़ाई को लेकर बेटा-बेटी में फर्क नहीं किया गया। बचपन में मेरा सपना था कि डॉक्टर बनकर अपने घाटी के लोगों की सहायता करूँ। रुबीनाजी हँसते हुए कहती हैं कि सदियों से कहावत चली आ रही है कि 'हर कामयाब पुरुष के पीछे किसी महिला का हाथ होता है,' लेकिन मेरी जिंदगी के सफर में कहानी कुछ अलग है, मैं कहूँगी कि हर सफल महिला के पीछे उसके परिवार का सहयोग और त्याग होता है।

बडगाम जिले के चदूरा जिले के यारी कलाँ के छोटे से गाँव की रहनेवाली रुबीना तबस्सुम आज कश्मीरी बिजनेस वुमन का प्रेरक चेहरा होने पर गर्व करती है, रुबीना के पास उतार-चढ़ाव के अपने अनुभव है , लेकिन आज जहाँ वह खड़ी है, ऐसा लगता है कि यह सब किसी सपने के साकार होने जैसा हो। कम उम्र में ही उनकी शादी हो गई थी, लेकिन उन्होंने ससुराल से हाई स्कूल की पढ़ाई पूरी की। एक समर्पित छात्र होने के कारण उन्हें जिला कॉलेज से स्नातक की पढ़ाई पूरी करने में कोई दिक्कत नहीं हुई। कुछ ही वर्षों में उनके तीन सुंदर बच्चे हुए, जैसा कि एक पारंपरिक ग्रामीण घर में होता है।

रुबीना, जो एक स्वतंत्र महिला बनने की ख्वाहिश रखती थी, अपने जीवन में कुछ हासिल करना चाहती थी, उन्होंने महसूस किया कि पत्नी, माँ, बेटी और बहू की भूमिका निभाते-निभाते उसके सपने मानो कहीं खो गए हैं। समय बीतता गया और उसके सभी बच्चे स्कूल जाने लगे।

घर के कामों से फारिग होकर उन्हें रेडियो के कार्यक्रम सुनना बेहद पसंद था। ऐसे ही एक दिन वो रेडियो पर कार्यक्रम सुन रही थी, कार्यक्रम का नाम था 'मंजिलें और भी हैं'। इस कार्यक्रम से उन्हें 'जम्मू और कश्मीर उद्यमिता विकास संस्थान' की एक पहल के बारे में पता चला। इस कार्यक्रम का मकसद छोटे-छोटे गाँवों में रोजगार सृजन को बढ़ावा देना था। साथ ही इस कार्यक्रम में फूलों की खेती से कमाई में इजाफा करने के विषय पर

जानकारी दी गई। इस कार्यक्रम ने मानो मेरे सपनों को एक नई उड़ाने दे दी हो। इस विषय में मैंने अपने पति से जब बात की तो उन्होंने कहा कि अच्छा है, क्योंकि इस काम में तुम घर में रहकर ही अपना मनचाहा काम कर सकती हो।

कार्यक्रम में बताया गया था कि फ्लोरीकल्चर, यानी फूलों की खेती में आप को कई चीजों पर ध्यान देना होता है, जिसमें फूलों की पैदावार, फूलों के बाजार की समझ और जानकारी, कॉस्मेटिक और परफ्यूम इंडस्ट्री के अलावा फार्मास्यूटिकल आदि में भी आप फूलों का इस्तेमाल कर सकते हैं। मेरे साक्षात्कार के बाद मुझे 10 दिन के प्रशिक्षण के लिए चुन लिया गया। यहाँ से मेरे नए जीवन की शुरुआत हुई और बडगाम जिले के चदूरा जिले के यारी कलाँ के छोटे से गाँव से ही मैंने अपने फूलों के व्यापार की शुरुआत कर दी। मेरे लिये सबसे बड़ी गौरव की बात यह थी कि घाटी में किसी महिला ने पहली बार इस तरह की खेती में पैर रखा था।

तो इस तरह मैंने खुद का उद्यम शुरू किया, जो था 'कटे हुए फूलों का व्यवसाय'। फ्लोरीकल्चर की शुरुआत मैंने अपने पति की जमीन पर एक ग्रीनहाउस के साथ शुरुआत की। इस जमीन पर मैंने कार्नेशन फूल और गेंदे के फूल उगाए। इसके बाद हमने उन्हें दिल्ली की फूल मंडी में बेच दिया। यहाँ हमारे फूलों की बहुत तारीफ की गई, यहाँ मिली सकारात्मक प्रतिक्रिया से हम बेहद खुश थे। हमारे सभी फूल यहाँ एक पल में ही बिक गए और इन फूलों की गुणवत्ता और ताजगी के लिए मेरी सराहना की गई। इस तरह मेरे नए सफर की शुरुआत हुई।

मैं अपनी पहली सफलता से इतनी खुश थी कि अब इस खेती को थोड़ा और बढ़ाना चाहती थी, जिसके लिए मुझे कुछ और ग्रीन हाउस बनाने थे, जहाँ मैं फूलों की किस्मों में बढ़ोतरी कर सकूँ, लेकिन मेरे पास उस समय इतना रुपया नहीं था कि अपने दम पर मैं यह सब कर पाती। धन की सहायता के लिए मैंने कई स्थानीय बैंकों से मदद माँगी, लेकिन किसी बैंक ने मेरी मदद नहीं की। ऐसे में मेरे 'गुरु विमल कौल', जिन्होंने प्रशिक्षण के दौरान भी मेरी बहुत मदद की थी और कहा कि तुम मेहनत करती रहो, एक दिन तुम्हारे सपने

और काम को घाटी के लोग ही नहीं, बल्कि देश-दुनिया के लोग भी समझेंगे।

फिर क्या था मैंने अपनी मेहनत को और बढ़ा दिया, इसके बाद मेरे पति ने मेरे नाम पर एक उपभोक्ता ऋण लिया और वो मेरे पहले निवेशक बन गए। ऋण से मिले रुपयों से मैंने जमीन खरीदी और फूलों की खेती बढ़ाने के लिए ग्रीन हाउस में निवेश किया, जब मेरी कड़ी मेहनत और मेरे खेतों के फूलों के व्यापार के विषय में बैंक को पता चला तो न केवल उन्होंने मुझे आर्थिक रूप से ऋण देकर मदद की, बल्कि मुझे '2007 में जे. एंड के. बैंक वूमेन एंटरप्रेन्योर' अवार्ड मिला और उसके बाद से मैंने कभी पीछे मुड़कर नहीं देखा।

केवल 2 साल की मेहनत ने मुझे इस मुकाम पर पहुँचा दिया था कि मुझे बड़े ऑर्डर मिलने लगे, जिससे न केवल मेरे व्यवसाय का विस्तार हुआ, बल्कि इसकी सराहना भी होने लगी। आज मेरे पास सैकड़ों ग्रीन हाउस और उन पर फैले लैवेंडर और गुलाब जैसे सुगंधित फूलों की खेती का व्यवसाय है। श्रीनगर हवाई अड्डे पर मेरी एक एक छोटी सी दुकान भी है। हमने 'यूनाइटेड फ्लोरिटेक' के नाम से अपना एक ब्रांड भी बनाया है। सच कहूँ तो मैं दिल से एक फूलवाली हूँ, जो अपने फूलों की महक की तरह दुनिया से बेरोजगारी का जहर हटाना चाहती हूँ। अपने फूलों से अब हम 'प्योर अरोमा के ब्रांड' से सुगंधित तेलों और गुलाब जल का भी निर्माण कर रहे हैं। हमारा मकसद है कि हम अपने आसपास इतना रोजगार पैदा कर दें कि लोगों को रोजगार की तलाश में अपने घर और घाटी को छोड़कर न जाना पड़े।

रुबीनाजी कहती हैं कि मैं हमेशा लोगों की मदद करना चाहती थी। मेरा मानना है कि यदि आप अकेले सफल हो रहे हैं तो आप वास्तव में सफल नहीं हो सकते। मेरे गाँव में कई लोग मेरे साथ काम कर रहे हैं। मैं वर्तमान में उनके साथ अनुबंध खेती की एक नई परियोजना पर काम कर रही हूँ। इस परियोजना में लोग मेरे तकनीकी मार्गदर्शन और सहयोग के तहत अपनी जमीन पर फूल और सुगंधित पौधे लगाएँगे, लेकिन वे स्वतंत्र रूप से काम कर सकेंगे, मैं उन्हें केवल सहायता करूँगी।

रुबीनाजी कहती है कि एक महिला का काम करना और एक नई शुरुआत करना आज भी काफी कठिन है। आज भी समाज केवल और केवल पुरानी परंपराओं एवं मान्यताओं पर ही खड़ा रहना चाहता है। समाज में कोई भी बदलाव हमेशा आपत्तिजनक होता है, खासकर महिलाओं के लिए। कोई आपको व्यवसायी के रूप में स्वीकार नहीं कर सकता, कम–से–कम किसी गाँव में तो नहीं। समाज में कुछ लोग हमेशा आपको निराश करेंगे, आपके काम को लेकर हमेशा नकारात्मक नजरिया रखेंगे, ऐसे में अगर आपका परिवार और एक शादीशुदा महिला के लिए सबसे करीबी और विश्वसनीय होता है उसका पति, अगर यह सब आपके साथ हैं तो आपकी मेहनत और सपने को पूरा होने से कोई नहीं रोक सकता।

देश में आज भी महिलाओं को कामकाजी महिला के सफर में काफी दिक्कतों का सामना करना पड़ता है, ऐसे में समाज, परिवार, अपने साथ काम करनेवालों और खुद के लिए सही तालमेल रुबीनाजी कैसे बना पाती है, इसके जवाब में उन्होंने कहा कि बेशक, यह बहुत कठिन है, लेकिन असंभव नहीं है। मैंने अपने बच्चों के स्कूल जाने के बाद ही शुरुआत की और आज मुझे खुशी है कि मेरे तीनों बच्चे पढ़ाई में अच्छा मुकाम हासिल कर चुके हैं। मैंने अपनी प्राथमिकता पहले से ही तय की हुई थी कि बच्चे और परिवार मेरी पहली प्राथमिकता है और उसके बाद मेरे सपने और काम। मैं हमेशा अपने पति और अपने परिवार के लिए हूँ। मैं पहले एक महिला हूँ, फिर एक बिजनेस वुमन। हम महिलाएँ मजबूत हैं, हम कुछ भी हासिल कर सकते हैं। साथ ही मैं यह भी कहना चाहती हूँ कि मेरा काम मुझे पत्नी, माँ या बेटी होने से कभी नहीं रोकेगा। मेरा परिवार मेरी ताकत है और मैं उनकी खुशी से कभी समझौता नहीं करूँगी।

फूलों के व्यापार में आनेवाले महिलाओं को मैं सबसे पहले यह कहना चाहूँगी कि हम उतने ही मजबूत हैं, जितना हम सोचते हैं कि हम हैं। अपने आपको कभी कम मत समझो। ऐसा कुछ भी नहीं है, जिसे आप हासिल नहीं कर सकते हैं और इसमें सफल नहीं हो सकते हैं। आपको बस वह पहला

कदम उठाने की जरूरत है और दृढ़ संकल्प होना चाहिए कि कोई भी आपको अपने लक्ष्य को प्राप्त करने से नहीं रोक सकता। अपने लक्ष्य की प्राप्ति के लिए साहसी बनो और वह करने के लिए तैयार हो जाओ, जो तुम हमेशा से करना चाहते थे। जहाँ तक बात है समय और उम्र की तो, मुझे लगता है कि सदियों से जो कहावत चली आ रही है कि 'जब जागो, तभी सवेरा'।

फूलों की खेती का काम हो या अन्य कुछ भी समय और बाजार की जरूरत के हिसाब से आपको हमेशा कदम-से-कदम मिलाकर चलना है। खोए हुए अवसर जैसा कुछ नहीं होता, मुझे ही देख लीजिए इतने सालों बाद भी मैंने अपनी पढ़ाई नहीं छोड़ी, अपने फूलों के व्यापार को आगे बढ़ाने के लिए एम.बी.ए. की पढ़ाई कर रही हूँ।

रुबीनाजी कहती हैं कि कश्मीर में इतनी बेरोजगारी है। हमारे युवाओं को सरकारी नौकरियों के पीछे भागना बंद करना होगा और अपना खुद का कुछ शुरू करना होगा। घाटी में इतने प्राकृतिक संसाधन हैं और सरकार भी आज हर तरह से लोगों की मदद कर रही है, ऐसे में जरूरत है तो केवल अपने हुनर और मेहनत से काम करने की। आज इतने सारे रास्ते हैं, जिनका उपयोग करके लोग न केवल वे अपना खुद का व्यवसाय शुरू कर सकते हैं, बल्कि वे दूसरों के लिए नौकरी पैदा करनेवाले भी बन सकते हैं। मेरे माता-पिता ने जो मुझे बचपन में सिखाया, वो मुझे आज भी याद है खुद को सशक्त बनाते हुए दूसरों को सशक्त बनाना' और यह मुझे अभी भी प्रेरित करता है तो बस फिर देर किस बात की, आपके आसपास कई अवसर हैं तो आप अपना पहला कदम उठाने से डरो मत। बड़ा हासिल करने के लिए छोटी शुरुआत करें, विश्वास रखें और अपने सपनों को हासिल करने में मदद करने के लिए भगवान पर भरोसा करें।

इस सफर में फूलों की खेती एक कारगार उपाय साबित हो सकती है, जिससे आप अपना और दूसरों का जीवन महका सकते हैं।

□

5

रंजना रावत (उत्तराखंड)

'दर्द भी च, अर पीड़ा भी हुणी च
बात यु बतोण मा, बडी परेसानी भी हुणी च
पहाड़ो कु दुःख कु, बल क्वि इलाज़ नी
कखि नी बल mbbs, न क्वि सर्जन च
अब ता देवता, ही हरयां ये पहाडु कु भलु करयां
एक बात यु भी, उठारीराई...
यु कन पीड़ा च, जेकु नो नेतोन विकास धरयायी
पलायन, बेरोजगारी अर ढकयां द्वार,
यन नी होंदु भुला, विकास'

किसी मशहूर शायर ने पहाड़ों पर रहनेवाले लोगों के पलायन को अपने शब्दों में कुछ इस तरह बयाँ किया है। उनका कहना है कि पड़ाहों पर रोजगार न होने की पीड़ा में लोग यहाँ से पलायन करते हैं और उन्हें दूसरे शहर जाकर भी कुछ नहीं मिलता। पलायन, बेरोजगारी का दंश केवल वो ही जान सकता है, जिसने इस दुःख को झेला हो। आइए अब हम आपका परिचय एक ऐसी युवती से कराते हैं, जिन्होंने शहर की बड़ी नौकरी को छोड़कर न केवल अपने प्रांत का, बल्कि यहाँ से होनेवाले पलायन पर भी लोगों को सोचने पर मजबूर कर दिया। उन्होंने यह साबित कर दिखाया

कि गाँवों में रहकर भी सम्मान और धन कमाया जा सकता है। इस युवती का नाम है 'रंजना रावत'।

अपने जीवन के सफर के बारे में बताते हुए रंजनाजी कहती हैं कि पिताजी सरकारी सेवा में थे और माताजी गृहिणी। आज मैं जो कुछ भी हूँ, उसका श्रेय मैं अपनी माता-पिताजी को देती हूँ। हमारे परिवार में हम दो बहनें और एक भाई है, लेकिन हमारे घर में शुरू से ही पढ़ाई का माहौल रहा। माता-पिता ने कभी हम बहनों और भाई में कोई भेदभाव नहीं किया। मुझे याद है कि अगर पिताजी चाहते तो वो अपनी कमाई से बड़ा घर और ऐशो-आराम पर ज्यादा तवज्जो दे सकते थे, लेकिन उन्होंने हमेशा हम तीनों भाई-बहन की शिक्षा पर ज्यादा ध्यान दिया।

बचपन से ही मेरा मानना था कि समाज का विकास करना ही सही मायनों में विकास है। केवल अपने लिए तो कोई भी विकास कर सकता है, लेकिन जिस विकास से हमारे समाज और देश को लाभ हो, वहीं सही मायनों में सच्चा विकास है। रंजनाजी बचपन से ही मेधावी और होनहार थी,

उनकी 12वीं तक कि शिक्षा रुद्रप्रयाग में हुई। इसके बाद इन्होंने हेमवंती नंदन गढ़वाल विश्वविद्यालय से फार्मेसी में स्नातक की डिग्री प्राप्त की, बचपन से ही बहुमखी प्रतिभा की धनी रंजना ने स्कूली शिक्षा से लेकर तकनीकी शिक्षा में अपनी सृजनात्मक गतिविधियों से अपनी अलग पहचान बना ली थी। फार्मेसी में स्नातक के बाद रंजना को बहुराष्ट्रीय कंपनी में क्वालिटी ऑफिसर के रूप में नौकरी मिल गई। इस दौरान उन्हें कई राष्ट्रीय स्तर के सेमिनार में भी भाग लेने का मौका मिला, जिसमें उन्होंने ग्रामीण इलाकों की समस्याओं को भी जाना।

यहाँ थोड़ी उदास होकर रंजनाजी बताती हैं कि पहाड़ों में खेती करना कोई आसान काम नहीं है मैंने बचपन से देखा था कि कैसे मेरे आसपास की महिलाएँ सीढ़ीनुमा खेतों में दिन-रात अपने को खपाती थी, फिर भी उनके जीवन में दो वक्त की रोटी की कमी रहती थी। यहाँ कृषि के संसाधन भी बहुत कम है, किसान अपने अधिकारों, सरकार से मिलनेवाली सरकारी सहायता और आधुनिक कृषि के बारे में भी नहीं के बराबर जानकारी रखते हैं। सीधा-सीधा कहें तो यहाँ खेती में श्रम बहुत ज्यादा था और आमदनी बहुत कम।

इन सब बातों का मंथन मेरे मन में चल ही रहा था कि एक दिन दिल्ली में महिला एवं बाल विकास मंत्रालय के सौजन्य से दिल्ली हॉट में एक कार्यक्रम का आयोजन किया गया। इस कार्यक्रम में देश के अलग-अलग राज्यों से कृषि के क्षेत्र में कुछ अलग कर दिखानेवाले एंटरप्रेन्योर को बुलाया गया था। मुझे यह जानकार बहुत दुःख हुआ कि मेरी मातृभूमि उत्तराखंड से यहाँ भाग लेने कोई नहीं आया था। यहाँ मेरी मुलाकात ग्वालियर से आए एंटरप्रेन्योर 'निहाल सिंह चौहानजी' से हुई, वो अपने शहर में मशरूम की खेती करते थे। उनसे बात की तो उन्होंने कहा कि अगर आप उत्तराखंड में इसकी शुरुआत करना चाहती है तो मैं आपकी पूरी सहायता करूँगा तो फिर क्या था इस तरह फार्मेसी में स्नातक की डिग्री लेनेवाली एक लड़की ने खेती में नई शुरुआत करने की ठान ली।

रंजना बताती हैं कि मेरे जीवन की दूसरी घटना, जिसने मुझे कृषि की और उन्मुख किया—वो हैं प्रधानमंत्री नरेंद्र मोदी का 'मन की बात' कार्यक्रम। हुआ यूँ कि इसी दौरान प्रधानमंत्री नरेंद्र मोदी के रेडियो कार्यक्रम 'मन की बात' में एक महिला द्वारा पूछे गए प्रश्न कि क्या आपको पता था कि आप एक दिन देश के प्रधानमंत्री बनेंगे तो मोदीजी का जवाब था की नहीं, मैं केवल सिर्फ काम करने का सपना देखता हूँ, कुछ बनने का सपना नहीं, जब आप कुछ करते हो तो उसके फलस्वरूप आप कुछ-न-कुछ बन जाते हो।

इस एक बात ने रंजना के मन की बात सुन ली और रंजना ने अपनी अच्छी खासी नौकरी को अलविदा कह कुछ करने की ठानी। इससे पहले नौकरी में रहते हुए भी वो समाज के लिए कार्य करती रहती थी। जिसका उद्देश्य ग्रामीण इलाकों के लोगों को रोजगार, पलायन, कृषि, बागवानी, स्वास्थ्य सुविधाएँ, सहित कई जनपयोगी कार्यों को गाँव के अंतिम व्यक्ति तक पहुँचाना था। शुरुआत में इन्होंने कई गाँवों में मेडिकल कैंप लगवाए और लोगो की मदद की।

नौकरी छोड़ने के बाद जैसे ही इसके बारे में माता-पिता को बताया और अपने भविष्य के कार्यक्रम के बारे में अवगत करवाया तो उन्होंने भी रंजना के सपने को हरी झंडी दे दी। परिवार की हामी से रंजना का सपना सच होने जैसे था, इसी बीच रंजना ने मशरूम उत्पादन से लेकर बागवानी, कृषि और फल संरक्षण के प्रशिक्षण भी लिए और बारीकियाँ भी सीखी, नई उम्मीद, नए सपने और हौसलों को लिए रंजना ने जनवरी 2016 में चमकते भविष्य को छोड़कर अपने गाँव की माटी की और रुख कर लिया।

वो कहते हैं 'न जहाँ चाह, वहाँ राह'। हर बड़ी शुरुआत के आरंभ में परेशानियाँ जरूर आती हैं, ऐसा ही कुछ इनके साथ भी हुआ, लेकिन जिद और धुन की पक्की रंजना ने हार नहीं मानी, इस दौरान रंजना ने गाँव-गाँव का भ्रमण कर लोगों को जागरूक और प्रेरित करने का कार्य किया, जिसका परिणाम यह हुआ कि मात्र 6 महीने के प्रयासों में ही रंजना ने रुद्रप्रयाग के आस पास के 35 गाँव के 500 ग्रामीणों को प्रशिक्षित करके उन्हें स्वरोजगार का

मंत्र देकर प्रधानमंत्री के आत्मनिर्भर भारत के सपने की ओर प्रेरित किया। इस कड़ी में अब करीब 35 गाँवों के लोग, मशरूम उत्पादन, कृषि, फल संरक्षण, फूल उत्पादन, साग-सब्जी उत्पादन के जरिए अच्छी-खासी आमदानी कर रहे हैं, उनके कार्यों को कई मंचों पर सम्मान भी मिला साथ ही सपनों की नगरी मुंबई जैसे शहर में भी रंजनाजी को उनके अनुभव साझा करने के लिए बुलाया गया था।

रंजना कई सालों से हजारों लोगों को प्रशिक्षण दे चुकी है। रंजनाजी 'गढ़ माटी संगठन' की संस्थापक भी है। जिसके अंतर्गत रुद्रप्रयाग जनपद की 500 से अधिक महिलाओं को मशरूम उत्पादन का प्रशिक्षण भी दिया गया। रंजना ने महिलाओं को रोजगार उपलब्ध कराने के लिए मशरूम उत्पादन की चार यूनिट खोली। भीरी, डांगी, चाका पाटयूँ, गबनी गाँव में स्थापित इन यूनिटों में 60 महिलाएँ मशरूम उत्पादन का कार्य कर रही हैं। प्रत्येक यूनिट से एक से डेढ़ लाख रुपए तक का मशरूम सालाना बेचा जा रहा है। रंजना का उद्देश्य मल्टीपल व्यवसाय के जरिए 12 महीने रोजगार सृजन कर साल भर अपने शहर में ही रोजगार उपलब्ध कराना है। जिसके तहत अब मुर्गी पालन, गाय पालन, मत्स्य पालन के जरिए ग्राम स्वरोजगार मॉडल को भी वो धीरे -धीरे विकसित करने में जुटी हैं।

रंजनाजी कहती हैं कि उत्तराखंड में मशरूम की खेती किसानों के लिए अब फायदे का सौदा बन रही है। इसके प्रति किसानों का रुझान लगातार बढ़ता जा रहा है। करीब पाँच साल से किसानों में मशरूम की खेती तेजी से लोकप्रिय हुई है। किसानों की कड़ी मेहनत और अच्छे भाव मिलने के कारण मशरूम की खेती फायदे का सौदा साबित होने लगी। किसान सीमित संसाधन में मशरूम की खेती कर बढ़िया मुनाफा कमा रहे हैं। कम जगह में अधिक-से-अधिक फायदा देनेवाली यह खेती कई किसानों के आय का जरिया बन रही है। शुरुआत में मशरूम की खेती करनेवाले किसानों की आर्थिक स्थिति में आए सुधार को देखते हुए भारी संख्या में किसानों ने इसे अपना लिया। आचार फैक्टरी, सूप के पाउडर, होटलों व विवाह समारोह

में सब्जी आदि में इस्तेमाल होनेवाली सफेद बटन मशरूम का उत्पादन लगातार बढ़ा है।

रंजनाजी बताती हैं कि उत्तराखंड में लोग अपने घरों में ही इसकी खेती कर रहे हैं। वहीं मशरूम के लिए ज्यादा संसाधन और बड़ी जमीन की आवश्यकता नहीं होती इसकी शुरुआत छोटे प्लांट से भी की जा सकती है और प्लांट भी किराए पर लिया जा सकता है। आप चाहे तो घर की छत पर भी मशरूम उगा सकते हैं।

यही वजह है कि मशरूम की खेती आजकल युवा बेरोजगारों में खासी लोकप्रिय हो चुकी है।

मशरूम उगाने के लिए पहले लकड़ी के बाँस की पट्टियों को रस्सियों की मदद से बाँधकर ढाँचा खड़ा किया जाता है। ढाँचे में बाँस की पट्टियों के ऊपर-नीचे चार खाने तैयार किए जाते हैं। ढाँचे के चारों ओर धान की पुराली से शेड खड़ा किया जाता है। बाँस के ढाँचे में पॉलीथिन की सीट बिछाई जाती है। शीट में भूसे से तैयार मटेरियल में कंपोस्ट मिलाकर बीज डाला जाता है। करीब डेढ़ माह बाद मशरूम उगना शुरू हो जाता है, अब यह कहना गलत नहीं होगा कि मशरूम की खेती में कम खर्च, कम मेहनत और जानवरों का भी खतरा नहीं। सबसे ज्यादा महत्त्वपूर्ण बात यह है कि इस खेती में कम समय में किसान को एक ऐसी फसल मिलती है, जिसकी बाजार में अच्छी कीमत है।

मशरूम की खेती के साथ-साथ उत्तराखंड में कीवी के पेड़ लगाकर एक नया सफल प्रयोग भी रंजनाजी कर रही है, जिससे आनेवाले समय में कीवी पहाड़ के लोगों को आर्थिक रूप से मजबूत कर सकता है। रंजना कहती हैं कि पहाड़ों में रोजगार की असीमित संभावनाएँ हैं। मशरूम गर्ल रंजना रावत को अब उनके कार्यों की वजह से ग्राम्य विकास एवं पलायन आयोग में सदस्य के पद पर कार्य करने का कार्यभार भी सौंपा गया है।

सरकार द्वारा इस जिम्मेदारी पर खुशी जाहिर करते हुए बताया कि असल जिंदगी की शुरुआत गाँवों से ही होती है। साथ ही हम कोशिश कर रहे हैं कि खेती के जरिए उत्तराखंड में रिवर्स माइग्रेशन की उम्मीदों को नया आयाम

दिया जाए। जिससे यहाँ रोजगार में कमी न हो और लोग यहाँ से रोजगार की तलाश में दूसरी जगहों पर पलायन न करें।

रंजनाजी कहती है कि आज भी हमारे समाज में लड़कियों की जिंदगी महज पढ़ाई और शादी तक ही सीमित होकर रह गई है। आज भी बेटियों को सपने बुनने की आजादी नहीं है। आगे कहती है कि हमारे पहाड़ की महिलाओं का जीवन बेहद कठिन है, जितनी मेहनत वो करती हैं, उसका महज 5 फीसदी ही उनके हिस्से आता है, यदि हम अपनी परंपरागत तकनीक में बदलाव लाकर नई तकनीक को अपनाए तो जरूर सफलता मिलेगी, जरूरत है तो सिर्फ और सिर्फ अपने हाथों पर विश्वास करने की।

कुछ देर रुकने के बाद कहती है कि मैंने भी तो अपने जीवन में कभी कुदाल, बेलचा, गैंती, सब्बल, कुल्हाड़ी नहीं पकड़ा था और न ही इनके बारे में जाना था, लेकिन मन में लोगों के लिए कुछ करने का जुनून था, इसलिए पहले खुद से शुरुआत की और धीरे-धीरे ये कारवाँ आगे बढ़ रहा है, आज मुझे काम करते हुए जो पहली बार देखता है उसे शायद उन्हें विश्वास ही नहीं होगा कि मैं पेशे से एक बी फार्मा की छात्रा थी, जो अब खेती में नए-नए प्रयोग कर रही है।

रंजनाजी कहती हैं कि मेरा व्यक्तिगत अनुभव कहता है कि जीवन का आनंद जो अपने माटी की महक और सौंधी खुशबू में है, वो शहर की चकाचौध में नहीं।

जीवन का उद्देश्य पूछने पर कहती हैं कि खाली होते गाँवों में यदि रौनक आ जाए, बंजर मिट्टी में सोना उगले, हारे हुए लोगों को हौंसला दे सकूँ, भटके हुए लोगों को रास्ता मिल सके, पलायन कर चुके लोग वापस अपने गाँवों की और लौट आए और मायूस हो चुके चेहरों पर यदि खुशियों की लकीरों को लौटा सके तो मुझे लगेगा कि मैं अपने मंजिल को पाने में कामयाब हो पाई हूँ।

साथ ही वो कहती हैं कि पहाड़ को लेकर जो भ्रांतियाँ लोगों के मन-मस्तिष्क में हैं, यहाँ रहकर विकास नहीं किया जा सकता, इसके लिए बड़े

शहरों में जाना ही एकमात्र विकल्प है। मैं इस धारणा को बदलना चाहती हूँ। मेरे जीवन का लक्ष्य है कि पहाड़ों के प्राकृतिक संसाधनों और यहाँ के लोगों के परिश्रम को नए मुकाम पर ले जाया जा सकता है। अभी तो बस कुछ कदमों का सफर ही तय किया है आगे मंजिल साफ दिखाई दे रही है, प्रधानमंत्री नरेंद्र मोदी को अपना आदर्श माननेवाली रंजना कहती हैं कि बदलाव महज सोचने और कहने भर से नहीं आता है, इसके लिए चाहिए कि असली धरातल पर कार्य हो रहा है की नहीं, मुझे खुशी है कि पहाड़ के लोग अपनी बेटियों के प्रति परंपरागत सोच को तिलांजली देकर उन्हें आगे बढ़ने का हौंसला दे रहे हैं।

स्वरोजगार को बढ़ावा देने और महिला सशक्तिकरण के लिए उल्लेखनीय योगदान के लिए रंजना रावत को कई पुरस्कार से भी सम्मानित किया जा चुका है। यूथ आइकॉन जैसे प्रतिष्ठित पुरस्कार से भी उन्हें नवाजा जा चुका है। इसके साथ ही वो उत्तराखंड में 'बेटी बचाओ, बेटी पढ़ाओ अभियान' की ब्रांड एंबेसडर भी हैं।

□

6
राजकुमारी देवी (बिहार)

'वसुधैव कुटुम्बकम्'

भारतीय संस्कृति 'वसुधैव कुटुम्बकम्' जैसे उद्देश्यों पर आधारित है। 'वसुधैव कुटुम्बकम्', यानी सभी सुखी और निरोगी रहे, सबका कल्याण हो और कोई मनुष्य दुःखी न हो। अपने जीवन में इसी सिद्धांत को लेकर चलनेवाली किसान महिला है बिहार की 'राजकुमारी देवी', जिन्हें यहाँ के लोग 'किसान चाची' के नाम से जानते हैं।

उनका कहना है कि भगवान ने एक महिला को अन्नपूर्णा ऐसे ही नहीं बनाया। वो कहती है कि मुझे लगता है कि जब से दुनिया बनी है, तभी से महिलाएँ घर और बाहर काम करती ही आ रही हैं, इसमें नया कुछ नहीं पर आजकल बस अच्छी बात यह है कि हमारे काम को सराहा जाता है। हमारे काम की और हमारी एक पहचान है, हमारा काम मीडिया के माध्यम से जन-जन तक पहुँच रहा है। इससे हमेशा कुछ नया करने की प्रेरणा मिलती है और समाज में भी महिलाओं के प्रति नजरिया बदलता है।

बिहार के मुजफ्फरपुर की 'किसान चाची' आज उन सभी महिलाओं के लिए प्रेरणा स्रोत हैं, जो कम पढ़ी-लिखी हैं पर अपने हौंसले और मेहनत के दम पर उन्होंने वो कर दिखाया, जो हजारों लोग योजना बनाकर भी नहीं कर पाते। राजकुमारीजी कहती हैं कि अब तो मैं अपना असली नाम तक भूल

चुकी हूँ। गाँव में आंटी शब्द का प्रयोग कोई नहीं करता, यहाँ पड़ोसी को उम्र में छोटे लोग चाची ही कहकर बुलाते हैं। गाँव में बस-गाड़ी और आने-जाने के लिए सवारी की दिक्कत तो अभी भी रहती ही है तो जब काम शुरू किया और आसपास के किसानों को मेरी खेती और काम करने का तरीका पसंद आने लगा तो वो मुझे खेती की तकनीक सीखने के लिए बुलाते थे। इसके लिए घंटों बस या सवारी का इंतजार करना पड़ता था और हम समय पर नहीं पहुँच पाते थे। राजकुमारीजी कहती हैं कि हर जरूरत आपको कुछ-न-कुछ सिखाती है तो फिर क्या था बच्चों को साइकिल चलाता देख मैंने भी सोचा कि अगर मैं साइकिल चलाना सीख लूँ तो समय भी बचेगा और मैं समय पर पहुँच सकूँगी। प्रयास करते-करते साइकिल चलाना सीख गई और फिर गाँववाले मुझे 'साइकिल चाची' के नाम से बुलाने लगे।

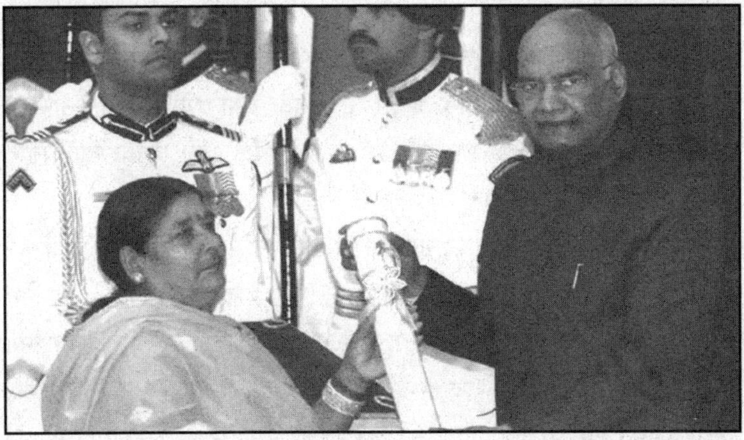

राजकुमारीजी कहती हैं कि मेरा जन्म एक शिक्षक के घर में हुआ है तो बचपन से ही खेती और घर का काम तो मुझे करना आता ही है। मेरी शादी एक किसान परिवार में हुई पहले तो सब ठीक था पर जैसे-जैसे परिवार बढ़ने लगा तो ससुराल वालों को चिंता होने लगी। दरअसल मैं और मेरे पति पढ़े-लिखे तो है नहीं और उस पर मेरे तीन बच्चे, जिसमें भी दो लड़कियाँ। ऐसे में ससुराल वालों को लगा कि अब हमें इनके तीन-तीन बच्चों को सँभालना

पड़ेगा और उनकी दो बेटियों का दान-दहेज भी देना होगा। यह सब सोचकर ससुरालवालों ने उन्हें पति के साथ घर से अलग कर दिया। बँटवारे में मिला केवल जमीन का एक छोटा सा टुकड़ा। राजकुमारीजी कहती हैं कि मैडम कोई माँ खुद भूखी रह सकती है पर अपने बच्चों को भूखा नहीं देख सकती। जमीन से एक छोटे से टुकड़े से घर चलाना बहुत मुश्किल हो रहा था। ऐसे में मैंने फैसला किया कि वो घर में न रहकर जमीन से पैसे कमाएँगी, ताकि उनका परिवार खुशी से रहे। उन्होंने खेतों में काम करना शुरू किया। दूसरों के खेतों में काम करते-करते उन्होंने पूसा कृषि विद्यालय से उन्नत कृषि का प्रशिक्षण लिया और अपने खेतों में नई तकनीक को अपनाना शुरू कर दिया।

अब फसल तो पहले की अपेक्षा बढ़ गई थी पर बाजार तक पहुँचते-पहुँचते काफी फसल खराब हो जाती थी। ऐसे में राजकुमारीजी ने सोचा घर की आय की समस्या तो कैसे-न-कैसे दूर करनी पड़ेगी तो उन्होंने अपनी साइकिल पर जा-जाकर 5 रुपए के अचार से यानी पैकेट बेचने से शुरुआत की। वो कहती हैं कि मैं अपने अचार के ग्राहक बनाने के लिए शुरुआत में फ्री में अचार दे देती थी और ग्राहकों से कहती थी कि आप खाकर तो देखिए, अगर अच्छा लगे तो बताएगा।

घर में सबको मेरे हाथ का खाना और अचार पसंद था तो बाहर भी ईश्वर की कृपा हुई और मेरा बनाया अचार ग्राहकों को पसंद आने लगा, अब मेरा काम बढ़ने लगा था तो काम में मदद के लिए हाथ भी चाहिए थे तो फिर क्या था गाँव की महिलाओं को जब इसका पता चला तो वो भी सीखने आने लगीं। उन्होंने अपने घर पर ही महिलाओं को खेती और अचार बनाना सिखाया। धीरे-धीरे उनके बाकी फूड प्रोडक्ट भी बाजार में और राजकुमारी देवी की जगह वो 'किसान चाची' के नाम से पॉपुलर हो गईं।

कई पुरस्कार जीतने के बाद आसपास के लोग भी उनसे सलाह लेने आने लगे और उसे अपने घर की महिलाओं को भी कृषि के गुर सिखाने की गुजारिश की। राजकुमारीजी कहती हैं कि मैं जानती थी महिलाओं को गाँव में कितना काम करना पड़ता है। घर का सारा काम करना तो उनकी जिम्मेदारी

है ही उसके साथ-साथ वो आस-पड़ोस में भी मदद करने से नहीं चुकती। इसके बावजूद उन्हें घर में दो वक्त की रोटी के लिए तरसना पड़ता है। अगर भावना अच्छी हो तो ईश्वर भी साथ देता है, जब यह विचार मेरे मन में आया तो मैं गाँव-गाँव जाकर महिलाओं के लिए स्वयं सहायता समूह बनाने लगी। साइकिल से ही रोज 40-50 किमी. का सफर करती और महिलाओं को गाँव-गाँव जाकर खेती, फूड प्रोसेसिंग और मूर्ति बनाने के तरीके सिखाती थी। इस सफर में आज उनके साथ 360 से ज्यादा महिलाएँ जुड़ी हैं, जो अचार-मुरब्बा तैयार करती हैं, अब वह साइकिल के बजाए स्कूटी से चलती है। उनके प्रोडक्ट विदेशों में निर्यात होते हैं।

राजकुमारीजी कहती हैं कि स्वयं सहायता समूह की गाँवों में अहम भूमिका है। हम लोग न पढ़ी-लिखी हैं, न ही कुछ जानती हैं, ऐसे में अगर महिलाओं का समूह एक-दूसरे की मदद के लिए हाथ बढ़ाता है तो यकीन मानिए दुनिया का कोई ऐसा काम नहीं, जो पूरा न किया जा सके। मेरा मानना है कि सरकार को महिला किसानों के दुःख और दर्द को समझते हुए उनके कल्याण के लिए कई काम करने की जरूरत है, जिस दिन महिला किसान समृद्ध हो गई, उस दिन किसान का परिवार खुशहाल हो जाएगा।

राजकुमारीजी कहती हैं कि अगर आपके काम को प्रोत्साहन मिलता है तो काम करने की थकान एकदम खत्म हो जाती है। साथ ही पहले से बेहतर काम करने की प्रेरणा मिलती है। सबसे पहले बिहार के कद्दावर नेताओं में से एक लालू यादवजी ने सरैया मेले में वर्ष 2003 में सम्मानित किया। इसके बाद नीतीश कुमार ने वर्ष 2007 में 'किसान श्री' से सम्मानित किया। ये पुरस्कार पहली बार किसी महिला को मिला था, उन्हें 2015 वाइब्रेंट गुजरात-2013 में आमंत्रित किया गया और उस समय गुजरात के मुख्यमंत्री रहे नरेंद्र मोदी ने उनका फूड प्रोसेसिंग मॉडल सरकारी वेबसाइट पर डाला था। 2019 में पूरे बिहार में कृषि के क्षेत्र में उल्लेखनीय योगदान देने की वजह से राष्ट्रपति रामनाथ कोविंद ने पद्मश्री से 'किसान चाची' को सम्मानित किया था।

उनके काम से प्रभावित होकर अमिताभ बच्चन के एक शो में भी राजकुमारी को आमंत्रित किया गया था। राजकुमारीजी अमिताभ बच्चन से अपनी मुलाकात के विषय में बताते हुए कहती हैं कि मैं क्या बताऊँ तीन बार मिले हैं उनसे। एयरपोर्ट से उनके दफ्तर तक सब लोग कार से गए पर मैं अपनी साइकिल पर, जब अमिताभजी ने मुझे साइकिल पर देखा तो बोले आप क्यों नहीं आई कार में तो मैंने बोला कि सर आपने हवाई जहाज की टिकट और सब व्यवस्था करा दी पर मेरा भी तो कुछ फर्ज बनता है न...तो इतने पैसे क्यों बरबाद करना, जब यहाँ तक साइकिल पर आराम से पहुँच सकते हैं तो फिर कार किसलिए?

अमिताभ बच्चन : राजकुमारीजी आप जानती हैं मुझे? क्या आपने मेरी फिल्में देखी हैं?

राजकुमारीजी : नहीं सर, हमने कभी सिनेमा देखा ही नहीं। एक बार बचपन में अपने मामा के साथ एक सिनेमा हॉल में गए थे। उसके बाद पूरी जिंदगी बीत गई काम से कभी फुर्सत ही नहीं मिली, जो सिनेमा देखती। हाँ, लेकिन मैंने आपको देखा है, इस पर अमिताभजी मुसकरा दिए...आगे मैंने बताया कि हमारे गाँव में बच्चों को पोलियो की दवा पिलाते हुए आपकी तस्वीर जगह-जगह लगी है। मैं भी अपने यहां स्वयं सहायता समूह में महिलाओं को अपने बच्चों को पोलियो की दवा पिलाने के लिए कहती हूँ।

अमिताभ बच्चन : क्या आपने कभी कोई खेल खेला है?

राजकुमारीजी : हाँ सर, बचपन में बहुत खेले हैं कबड्डी। इतने में देखती हूँ कि सामने से बैडमिंटन खिलाड़ी सानिया नेहवालजी आ रही हैं। इस तरह मुझे उनसे मिलने का भी मौका मिला। स्टार प्लस में आनेवाले शो 'आज की रात है जिंदगी' के लिए भी उन्होंने हमको बुलाया। इस फिल्म को बनाने के लिए करीब 35 लोग हमारे घर में रहे थे।

इसके अलावा 'छू लो आसमान' फिल्म में भी काम करने का मौका मिला। यह फिल्म 26 ऐसे 'पद्मश्री किसान' विजेताओं के संघर्ष की कहानी थी, जिन्होंने अपने परिश्रम और नई सोच से कृषि एवं समाज में बड़े बदलाव

किए। राजकुमारीजी के जीवन संघर्ष पर आधारित एक धारावाहिक भी अब जल्द दर्शकों के बीच आनेवाला है। जिसका नाम है 'साइकिल चाची से किसान चाची तक'।

'रख हौसला, वो मंजर भी आएगा
प्यासे के पास चलकर, समंदर भी आएगा
थककर न बैठ, ए मंजिल के मुसाफिर
मंजिल भी मिलेगी और मिलने का मजा भी आएगा'

किसी शायर के यह खूबसूरत शब्द राजकुमारीजी के जीवन संघर्ष को सही अर्थों में चरितार्थ करते हैं।

□

7

वैशाली मालवीय (मध्य प्रदेश)

'चिंतन दर्शन जीवन सर्जन
रुह नजर पर छाई अम्मा
सारे घर का शोर-शराबा
सूनापन तनहाई अम्मा

उसने खुद को खोकर मुझमें
एक नया आकार लिया है,
धरती अंबर आग हवा जल
जैसी ही सच्चाई अम्मा'

किसी शायर की माँ पर लिखी इन पंक्तियों को मध्य प्रदेश की रहनेवाली वैशाली मालवीयजी ने अपने जीवन का लक्ष्य बना लिया। कैंसर पीड़ित माँ की मौत ने कैसे इस महिला के पूरे जीवन को बदल डाला। इसके बारे में बताते हुए वैशालीजी कहती हैं कि मेरी माँ पेशे से एक अध्यापिका थी और पिताजी नौसेना में थे। नौसेना में होनेवालों को प्रकृति के करीब रहने का मौका मिलता है, क्योंकि नौसेना के क्वार्टर खुली जगहों में बने होते हैं। वहीं माँ हिंदी की शिक्षिका थी तो घर में हमेशा पढ़ाई और अनुशासन का माहौल बना रहता था।

पिताजी ने बचपन से ही मुझे सभी काम सिखाए, उनके शब्दों में कहें तो जहाँ तक हो सके सभी को हर काम आना चाहिए, काम में कोई महिला-पुरुष नहीं होता। इसका असर यह हुआ कि बचपन में ही मुझे बिजली का काम भी सिखाया गया। वहीं मेरे भाई को भी घर के कामों में हाथ बटाने के लिए कहा जाता था। हमें स्कूल में पौधे लगाने के लिए बचपन से ही प्रेरित किया गया। पापा ने सिखाया कि केवल पौधा लगाना ही काफी नहीं है, बल्कि आपको उसकी देखभाल भी करनी है। इस तरह मैं और मेरा भाई अपने द्वारा लगाए पौधे की खुद देखभाल करते थे। इस तरह आप कह सकते हैं कि खेती-बाड़ी की, हमें कुछ-कुछ जानकारी बचपन से मिल गई, जो आज तक हमारे काम आ रही है।

जैसा कि मैंने आपको पहले ही बताया घर में पढ़ाई और अनुशासन का माहौल था तो पढ़ाई में भी मैं काफी अच्छी थी। मैंने MBA की डिग्री प्राप्त की। देश में बड़ी कंपनी में काम करने के बाद मुझे इथोपिया जाकर भी काम करने का मौका मिला, जब देश से बाहर काम कर रही थी तो मुझे पता चला कि माँ बहुत बीमार रहने लगी है। कुछ दिनों बाद पता चला कि उन्हें कैंसर हो गया है, लेकिन 2015 में कैंसर के कारण माँ की मौत ने मुझे झकझोर कर

रख दिया, जब मैंने कैंसर के कारणों के विषय में चिकित्सकों से विस्तार से बात की तो उन्होंने मुझे बताया था कि खेतों में रासायनिक खाद के अत्यधिक उपयोग के कारण कैंसर जैसी घातक बीमारियाँ बढ़ रही है। इस बात के सामने आते ही वैशाली का मानो जीवन ही बदल गया, उन्होंने प्राकृतिक खेती और उस रासायनिक मुक्त अनाज को सबसे पहले कैंसर पीड़ित मरीजों तक पहुँचाना अपने जीवन का लक्ष्य बना लिया।

वैशालीजी बताती हैं कि किसानों को आज भी प्राकृतिक और रासायनिक खेती का अंतर बहुत कम ही पता है। आज से 10 या 15 साल पहले तो किसी ने इस तरह सोचा भी नहीं होगा कि फसलों में प्रयोग होनेवाले रासायनिक पदार्थों से हमारे शरीर पर बहुत खराब असर पड़ता है। शरीर पर होनेवाले दुष्प्रभाव जानने के बाद भी लोग इनके उपयोग से पैदा किए खाद्यान्न का बिना सोचे-समझे उपयोग करते चले आ रहे हैं, लेकिन अब न केवल मध्य प्रदेश के इंदौर शहर में, बल्कि देश के कोने-कोने में प्राकृतिक खेती के लिए किसानों को जागरूक बनाने के कार्य में जुटी हूँ। मेरा मानना है कि मैंने कैंसर से अपनी माँ को खोया है, अगर मेरे प्राकृतिक उत्पादों से कैंसर रोगियों के स्वास्थ्य में कुछ भी सुधार हो सके तो मेरे जीवन का लक्ष्य चरितार्थ हो जाएगा।

हम किसानों के साथ-साथ आम लोगों को भी फर्टिलाइजर और पेस्टिसाइड के उपयोग से होनेवाले खाद्य पदार्थों के नुकसान के प्रति जागरूक करने का प्रयास करते हैं।

वैशालीजी बताती हैं कि हमने सोयाबीन और मक्के की खेती से शुरुआत की थी पर आज हम लगभग हर तरह के अनाज की खेती कर रहे हैं, जिसमें मूँग, उड़द, चना, गेहूँ और मटर प्रमुख हैं, जब मैंने उनसे पूछा कि प्राकृतिक और रासायनिक खेती में क्या अंतर है तो वो कहती हैं कि प्राकृतिक खेती में मेहनत बहुत ज्यादा है। इस खेती में सारे काम हाथ से करने पड़ते हैं। रासायनिक खेती में रसायनों और कीटनाशकों के इस्तेमाल से जमीन की उर्वरक शक्ति खत्म हो जाती है। भूजल स्तर नीचे गिर जाता है। फसल चक्र

बदल जाता है और जिससे किसान का रोजगार खत्म हो जाता है, क्योंकि जब आपकी जमीन उपजाऊ ही नहीं रहेगी तो आप खेती क्या करेंगे।

वैशाली बताती हैं कि लोग ऑर्गेनिक खेती को भी प्राकृतिक मान लेते हैं, लेकिन ऑर्गेनिक खेती में लगभग 23 प्रकार के कैमिकल्स के उपयोग की मंजूरी होती है, जबकि प्राकृतिक खेती में एक भी कैमिकल का उपयोग नहीं किया जाता। इसके लिए खाद को विशेष रूप से तैयार किया जाता है, जिसमें गुड़, सड़ी हुई दाल, मिट्टी, गोबर को मिलाया जाता है। 21 दिन में एक बार इस तरह की खाद को सिंचाई के पानी के साथ पूरे खेत में फैला दिया जाता है।

वैशालीजी कहती हैं कि यह सफर मेरे लिए इतना आसान नहीं था, जहाँ मैं खेती कर रही हूँ, यह एक आदिवासी इलाका है। जहाँ प्रशासन, बिजली और चिकित्सक किसी भी तरह की सुविधा नहीं थी, जैसा कि खेतों में काम करते हुए कई बार साँप काट लेते हैं तो यहाँ आसपास इलाज की कोई सुविधा नहीं थी, लेकिन अब धीरे-धीरे हालात सुधर रहे हैं। यहाँ रहनेवाले अधिकतर लोग आदिवासी हैं, जो दवा और इलाज में विश्वास नहीं करते हैं, बल्कि अंधविश्वास और टोना-टोटका पर अभी भी ज्यादा विश्वास करते हैं। मुझे याद है कि हमारे यहाँ एक महिला काम करती थी, जिसे गले का कैंसर हो गया था, मैं उसका पूरा इलाज करवाना चाहती थी, जिससे वो जल्दी ठीक हो जाए पर उसके पति को मेरी बात और डॉक्टरों के इलाज पर कोई विश्वास नहीं था, उसने अपने अंधविश्वास और टोना-टोटका के चक्कर में अपनी पत्नी का इलाज नहीं करवाया और उस महिला की मौत हो गई। काफी समय तक मैं इस हादसे को भुला न सकीं, रोज यही सोचती थी कि आखिर समाज से यह अंधविश्वास और टोना-टोटका कब खत्म होगा।

धीरे-धीरे सरकार और सभी के प्रयासों से समाज की स्थिति बदल रही है। जो आदिवासी महिलाएँ कभी जंगलों और अपने परिवेश से बाहर नहीं निकलती थी। वहीं आज हमारे खेत में काम करनेवालों में 90 फीसदी आदिवासी महिलाएँ ही हैं। बुवाई, कटाई जैसे सभी महत्त्वपूर्ण कामों का जिम्मा महिलाओं के पास ही है। हमारे यहाँ चौकीदार के रूप में केवल एक आदमी

ही कार्यरत है, बाकी सभी काम केवल और केवल महिलाएँ ही करती है, सबसे दिलचस्प बात यह है कि आदिवासी महिलाएँ अब खेती के साथ-साथ मार्केटिंग के तरीके सिखकर अपनी आय को बढ़ा रही है।

वैशालीजी बताती हैं कि मेरी इकलौती संतान मेरी बेटी को छोड़कर बाकी मेरा भाई, मेरे पति सभी खेती और उससे जुड़े कामों में मेरी मदद करते हैं।

वैशालीजी कहती है कि मेरे जीवन में अब तक का सबसे बड़ा खुशी का दिन तब था, जब मैंने अपने भाई की शादी में मध्य प्रदेश के इंदौर शहर में देश की ऐसी पहली शादी का आयोजन किया, जिसमें परोसे जानेवाले पकवानों में प्राकृतिक खेती के जरिए पैदा हुए खाद्यान्न का ही इस्तेमाल किया गया था। वैशालीजी ने बताया कि शादी में प्राकृतिक खेती से उत्पन्न खाद्यान्नों को इकट्ठा करने के लिए हमने कई महीनों से मेहनत की। देश भर में ऐसे किसानों से संपर्क किया, जो प्राकृतिक खेती कर रहे हैं। इस तरह हमने भोजन में इस्तेमाल होनेवाले अनाज से लेकर मसालों तक सभी वो इस्तेमाल किए, जो प्राकृतिक खेती से बनाए गए थे।

'मेरा लक्ष्य मेरी किस्मत पर निर्भर करता है,
पर मेरा रास्ता मेरी हिम्मत पर निर्भर करता है।
लक्ष्य के प्रति निश्चित हो तो रास्ता मिल ही जाएगा,
वरना रोज टालने के बहाने तो बहुत हैं।
तेज हवाओं के बाद भी ये दीये जलते रहे,
नजर मंजिल पर थी, इसलिए मुसाफिर चलते रहे।'

वैशालीजी का जीवन संघर्ष भी कुछ इन पंक्तियों जैसा ही है, जहाँ उन्होंने एक कठिन लक्ष्य को अपने जीवन का लक्ष्य बना लिया। आज कैंसर मरीजों और उनके चिकित्सकों को वैशालीजी पर पूरा भरोसा है कि अगर अनाज और खाद्यान्न उनके यहाँ से आए हैं तो वो पूर्ण तरह से ही प्राकृतिक और सुरक्षित होंगे।

□

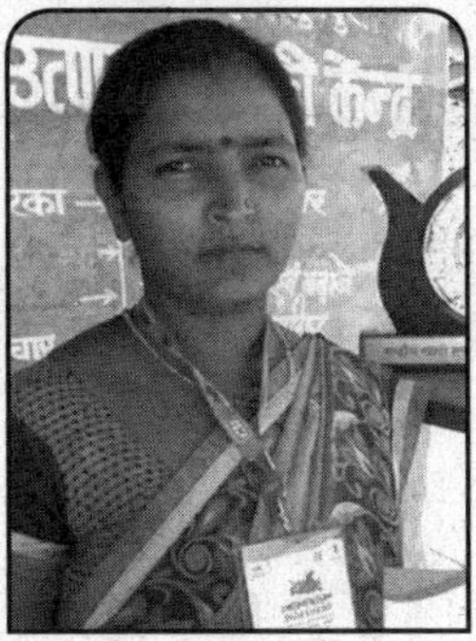

8
अनीता देवी (झारखंड)

‘सफलता चलकर नहीं आती,
हमें उस तक पहुँचना पड़ता है,
मुश्किलों में भाग जाना आसान होता है,
हर पहलू जिंदगी का इम्तिहान होता है,
लड़नेवालों के कदमों में जहान होता है।’

झारखंड की रहनेवाली अनीता देवी की कहानी भी शायर के इन शब्दों की ही तरह है। जिन्होंने तमाम परेशानियों और समाज के विरोध के बावजूद अपनी मेहनत और कुछ अलग करने की सोच से सफलता को हासिल करके दिखाया।

अनीताजी एक आम महिला से खास महिला बनने के अपने इस सफर के विषय में बताते हुए कहती हैं कि मेरा जन्म झारखंड के एक मध्यमवर्गीय परिवार में हुआ। पिताजी गेतलसूद बाँध में काम करते थे और माताजी एक गृहिणी थी। परिवार में मैं एक ही बेटी थी और मेरे दो भाई, इसलिए सबका लाड़-प्यार मुझे मिला। पिताजी बाँध से आने के बाद घर की एक छोटी सी जमीन पर खेती करते थे, जिससे हमें खाने लायक अनाज को खरीदना नहीं पड़ता था। पिताजी के साथ बचपन से ही खेती में मदद करती थी। आप कह सकते हैं कि आज मैं जो कुछ भी हूँ, उसकी नींव बचपन में पिताजी ने ही डाल दी थी।

उस समय हमारे यहाँ न तो शिक्षा का माहौल था, न ही सुविधाएँ। समाज की सोच भी महिलाओं के विषय में प्रगतिशील नहीं थी, जिसके चलते छोटी उम्र में ही शादी हो गई। उस समय मैंने केवल 5वीं तक शिक्षा प्राप्त की होगी और मैं केवल 11 साल की थी।

शादी के बाद मानो मेरी दुनिया ही बदल गई, गृहस्थी का सारा बोझ मेरे कंधों पर आ गया। पति किसी कंपनी में नौकरी करते थे पर घर में उनका कोई सहयोग नहीं था। गृहस्थी चलाने के लिए कम उम्र में ही दूसरों के खेतों में काम किया। एक तो मैं पढ़ी-लिखी नहीं थी, उस पर उम्र भी कम थी। ऐसे में दिन भर तेज धूप में काम करने के बावजूद केवल 10 रुपए मजदूरी मिलती थी।

मुझे और कोई काम तो आता नहीं था तो इस काम को करने के सिवा मेरे पास दूसरा कोई विकल्प भी नहीं था। मैडम कहते हैं न कि तेज धूप में तपकर इंसान कुंदन बन जाता है। समय बीतता गया, अब मैं दो बेटो की माँ बन चुकी थी और खेतीबाड़ी के काम में निपुण हो गई थी। जीवन में मेरे लिए सबसे बड़ी खुशी का वो दिन था, जब मैंने अपने बड़े बेटे के साथ 10वीं परीक्षा के इम्तिहान दिए और उसके साथ ही परीक्षा पास की।

अनीताजी कहती हैं कि मैडम लोग पूछते हैं कि उग्रवाद से प्रभावित इलाके में जहाँ आदमी घर से बाहर निकलने में डरते हैं, आपने वहाँ कैसे इतनी छोटी उम्र से खेती का काम किया, तो मैं कहती हूँ कि जब भूख और गृहस्थी का बोझ किसी महिला के कंधों पर होता है तो वो क्या उग्रवाद से डरेगी।

अनीताजी कहती हैं कि इंसान का हुनर और मेहनत ही है, जो उसे अपनी एक नई पहचान बनाने में मदद करती है। आज झारखंड में अनीताजी दूसरी महिलाओं को प्रेरित करती हैं कि वो अपनी बेटियों की शादी कम उम्र में न करें। इसके साथ ही उनका कहना है कि आज मेरी प्राथमिकता अपने साथ अधिक-से-अधिक महिला साथियों को रोजगार देने की रहती है। मेरा मानना है कि संघर्ष से सफलता की कहानी आप तभी लिख सकते हैं, जब आप अपने विकास के साथ-साथ समाज और दूसरों के हित के विषय में भी सोचे।

आज सैकड़ों महिलाएँ हमारे साथ जुड़ी हैं और गाँव में महिलाएँ ज्यादा-से-ज्यादा अपने शहर में रहकर ही खेती का काम कर रही है। हम अपने यहाँ सभी सब्जियों की जैसे टमाटर, गोभी, शिमला मिर्च इत्यादि की जैविक खेती करते हैं। इस काम में अब ज्यादा लोगों के जुड़ने से यहाँ पहले के मुकाबले में पलायन में भी काफी कमी आई है।

'सखी महिला समिति' बनाकर अनीताजी अपने साथ 11 महिलाओं के साथ मिलकर काम कर रही है। खेती में प्रयोग होनेवाली केंचुआ खाद से लेकर बीज सभी प्राकृतिक सामग्री अनीताजी अपने साथियों की मदद से स्वयं बनाती हैं।

अनीताजी बताती हैं कि हमारे झारखंड में प्राकृतिक संसाधन बहुत है, इतने सालों से काम करते-करते अब यह सीख चुकी हूँ कि जैविक खेती में

इसका प्रयोग कैसे किया जा सकता है। मैं गाँव की महिलाओं को खेती के साथ-साथ जैविक खाद भी घर में ही बनाने का प्रशिक्षण भी देती हूँ। इससे एक और जहाँ हमें बाजार से खेती के लिए खाद नहीं खरीदनी पड़ती, वहीं खाद से किसानों को आमदनी भी हो सकती है।

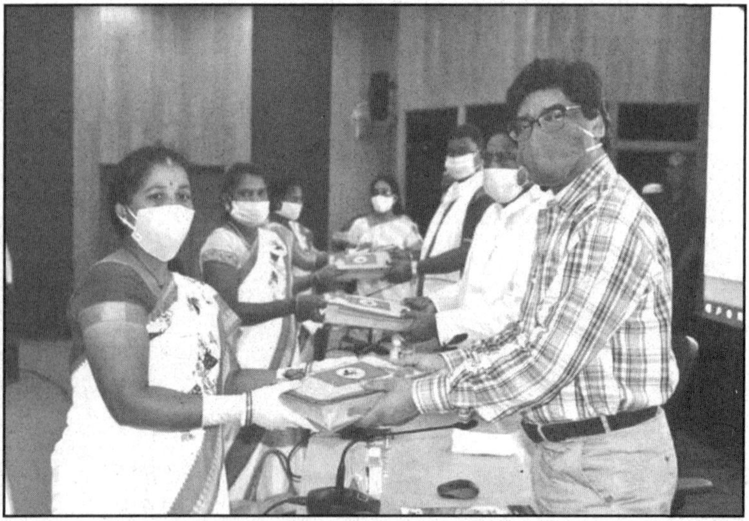

केंचुआ खाद के विषय में बताते हुए अनीताजी कहती हैं कि केंचुआ खाद जिसे अंग्रेजी में लोग Vermicompost के नाम से जानते हैं। एक प्रकार का जैविक खाद या उर्वरक है, जो कि केंचुआ और अन्य प्रकार के कीड़ों के द्वारा जैविक अपशिष्ट पदार्थों को विघटित करके बनाया जाता है। ये एक प्रकार की गंधहीन, स्वच्छ और कार्बनिक पदार्थ से बना खाद है। इसमें कई प्रकार की सूक्ष्म पोषक तत्त्व जैसे नाइट्रोजन, कैल्शियम, पोटाश जैसे आवश्यक तत्त्व इसमें पाए जाते हैं।

केंचुआ खाद प्राकृतिक विधि से बनाई जाती है, इसलिए इससे न ही खेतों को नुकसान होता है और न ही रासायनिक खाद का उपयोग। इस खाद से खेत की उर्वरक क्षमता बनी रहती है और खेत बंजर नही होते है। रासायनिक खाद का उपयोग न करने से पर्यावरण भी सुरक्षित रहता है।

अनीता देवीजी कहती हैं कि हमारा उद्देश्य बेकार पड़े ग्रामीण और वन उत्पाद पर आधारित वस्तुओं का संग्रह कर प्रोसेसिंग करने के बाद उसे ज्यादा-से-ज्यादा लोगों तक पहुँचाने का है। आज इस काम से अनीता को अच्छी-खासी आमदनी होने लगी। जिससे उसका मनोबल बढ़ता गया और अपने काम में वो पूरी ईमानदारी के साथ लग गई है। जिसके फलस्वरूप वो झारखंड की सफल सर्वश्रेष्ठ महिला उद्यमी का खिताब भी हासिल कर चुकी हैं।

यही नहीं उन्होंने आज अपने आसपास के दर्जनों गाँव की सैकड़ों महिलाओं को अपने हुनर के बल पर रोजगार भी दे रखा है।

'मैं अकेला भी रहा होता तो मैं चलता निरंतर, हौसला मन में लिए मैं जूझता, लड़ता निरंतर, तुम मिले, पर उग गए, उड़ने का अब मन हो चला है, साथ तुम अब हो लिए, व्यवधान अब कम हो चला है।'

अनीताजी देश के पिछड़े आदिवासी और उग्रवाद से पीड़ित क्षेत्रों की महिलाओं के लिए एक ऐसी मिसाल हैं, जिन्होंने अँधेरे में दीपक का काम करके अपने क्षेत्र की महिलाओं के लिए भी रोशनी का काम किया है।

□

9
रीना चंदेल (हिमाचल प्रदेश)

'खुदी को कर बुलंद इतना कि हर तकदीर से पहले
खुदा बंदे से खुद पूछे बता तेरी रजा क्या है'

हिमाचल प्रदेश की किसान रीना चंदेल ने मशहूर शायर 'अल्लामा इकबाल' के इन शब्दों को अपनी मेहनत और लगन से पूरा कर दिखाया है। हिमाचल के हमीरपुर जिले के मध्यम वर्गीय परिवार में जन्मी रीना चंदेल का यह सफर इतना आसान नहीं था। बचपन में उनके पिताजी जहाँ एक ओर सरकारी कर्मचारी थे, वहीं माताजी एक गृहणी। एक किसान बनने का श्रेय वो अपने दादाजी को देती हैं। उनका कहना है कि जब हम छुट्टियों में दादाजी-दादी माँ के पास रहने जाते थे तो उनके साथ बड़े मजे से खेती करते थे। इस काम में इतना आनंद आता था कि बता नहीं सकती। बड़ी हुई तो पढ़ाई में अच्छी थी, हिंदी भाषा में मास्टर की डिग्री और बी-एड की पढ़ाई करके मैं एक शिक्षिका बन गई थी। उन्होंने शिक्षिका के रूप में काफी समय तक काम भी किया।

साल 2006 में जब उनकी शादी किसान परिवार में हुई तो मानो उनकी दुनिया ही बदल गई। पति का प्रोफेशनल कोर्स का प्रशिक्षण संस्थान था, जहाँ बच्चों को हस्तकला, पेंटिंग, सिलाई, बुनाई जैसे पारंपरिक हुनरों का ज्ञान दिया जाता था। इस संस्थान में मैंने प्रिंसिपल के पद पर भी काम किया। संकट की

घड़ी उस समय आई, जब सरकार के द्वारा ऐसे निजी प्रशिक्षण संस्थानों को बंद कर दिया गया। एक साथ ही पति और मेरा दोनों का रोजगार चला गया। साथ ही मेरे ससुरजी, जो मोदी मील में काम करते थे, कारखाने के बंद होने से उनकी भी नौकरी भी चली गई थी। घर पर रहकर ही मैंने कई काम किए पर सफलता हाथ नहीं लगी। घर चलाना बहुत कठिन हो रहा था पर 'कहते हैं न जहाँ, चाह वहाँ राह'। एक दिन अखबार पढ़ते-पढ़ते पता चला कि कृषि विज्ञान केंद्र में निःशुल्क प्रशिक्षण दिया जा रहा है। घर पर जब इस विषय पर बात की थी तो पति और सासु माँ दोनों ने कहा कि तुम्हें प्रशिक्षण लेना चाहिए। तुम पढ़ी-लिखी हो और कुछ नया करने से क्या पता तुम्हारे जीवन में कोई नई शुरुआत हो जाए, जब कृषि विज्ञान केंद्र में निःशुल्क प्रशिक्षण के लिए गई तो पता चला कि खेती कितना व्यापक क्षेत्र हैं, हम सोच भी नहीं सकते कि एक ही चीज को अलग-अलग विधियों से कई तरह के प्रयोग में लाया जा सकता है। हमारे हिमाचल में पपीते की खेती बहुत होती है तो हमें बिना चीनी के पपीते की स्वादिष्ट बर्फी बनाना सिखाया गया, दाल से दाल की बड़ियाँ इत्यादि। यहाँ आकर तो मानो मेरी दुनिया ही बदल गई।

मैं जो प्रशिक्षण लेकर आती थी, उसे घर में करके देखती थी। इस तरह मेरे नए सफर की शुरुआत हुई, मेरे हाथ का बना सामान मेरे प्रशिक्षकों को भी काफी पसंद आता था। शुरुआत में मैंने पहले कम समान बनाकर बेचा, जब लोगों को मेरे हाथ की बनाई पपीते की बर्फी और अन्य सामान पसंद आने लगा तो धीरे-धीरे हमने 'न्यू आजीविका सेल्फ हेल्प ग्रुप' के नाम से महिलाओं का एक स्वयं सहायता समूह खड़ा किया। शुरुआत की कच्चे पपीते के पेड़े बनाने से, बस फिर क्या था, इस पेड़े की मिठास ने ऐसा स्वाद बिखेरा कि आज 50 से ज्यादा महिलाएँ हमारे साथ काम कर रही हैं।

सरकार, परिवार और अपनी सदस्य महिलाओं के सहयोग से कई प्रतिष्ठित मेलों में भी जाकर स्टॉल लगाने का मौका मिला, जहाँ भी गए लोगों को हमारा बनाया सामान बहुत पसंद आया।

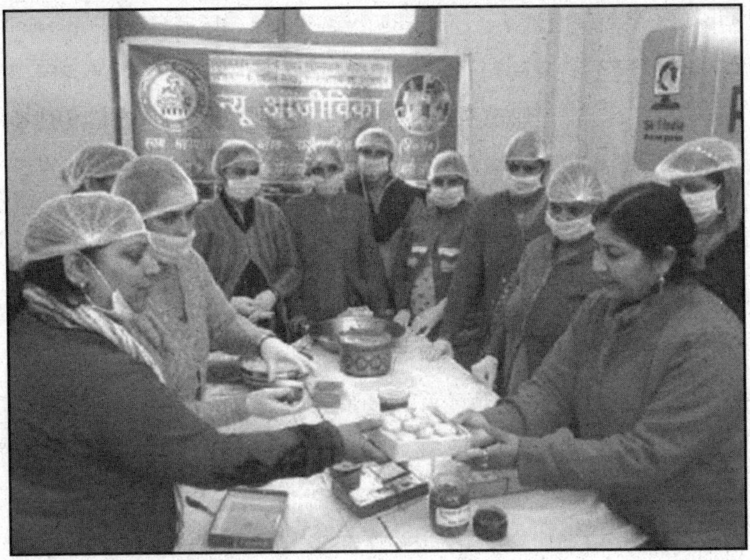

रीनाजी हिमाचल के किसानों को पपीते और आँवले के पेड़ लगाने के लिए प्रेरित करती हैं, क्योंकि इससे एक ओर जहाँ किसानों की आर्थिक स्थिति में सुधार हो रहा है। वहीं हिमाचल के पपीते और आँवले से बनी बर्फी को काफी पसंद किया जाता है।

रीनाजी बताती हैं कि उन्होंने धीरे-धीरे काम बढ़ाना शुरू किया और फिलहाल वो करेला, हरड़, नींबू, लहसुन और आम के अचार बनाने के काम में भी काफी आगे बढ़ गई हैं। उनका कहना है कि इस काम में हमारी हरेक महिला साथी को महीने में 10 से 12 हजार रुपए की आय हो जाती है।

यही नहीं रीना अब हिमाचल प्रदेश के साथ-साथ देश भर की महिलाओं के लिए भी प्रेरणा का स्रोत बन चुकी हैं।

अपने इस सफर के विषय में बताते हुए रीनाजी कहती हैं कि समाज में अगर हर महिला का परिवार उसका साथ दे तो वो महिला किसी भी बड़े

मुकाम को हासिल कर सकती है। वो बताती हैं कि काम के शुरुआती दिनों में लोग मेरा मजाक उड़ाते थे, कहते थे कि तुम शिक्षित होकर क्या यह काम कर सकोगी। ऐसे तनाव भरे माहौल में मेरे पति ने मेरा हमेशा साथ दिया, फिर बात चाहे खाद्य सामग्री बनाने के लिए कच्चा सामान लाने की होगी, महिलाओं को काम करने के लिए सेल्फ हेल्प ग्रुप में जोड़ने की हो या फिर काम के बाद महिलाओं को सुरक्षित घर पहुँचाने की। हर समस्या, हर हालात और हर वक्त मेरे पति ने मेरा साथ दिया। रीनाजी बताती हैं कि मेरा सपना है कि सबसे पहले मेरे साथ काम करनेवाली हर महिला सदस्य को इतना प्रशिक्षित कर दूँ कि जीवन में कभी उन्हें रोजी-रोटी के लिए परेशान न होना पड़े। साथ ही वो चाहती है कि अपने इस ज्ञान और अनुभव को वो अपने किसान साथियों के साथ साझा करके रोजगार के प्रति लोगों को आत्मनिर्भर बनाए।

हिमाचल की रीना चंदेलजी ने उन सभी लोगों के लिए एक उदाहरण पेश किया है, जो अपने हालातों और कठिनाइयों के लिए हमेशा दूसरों को दोषी ठहराते हुए अपनी जिम्मेदारियों से पीछा छुड़ा लेते हैं। उन्होंने न केवल अपने परिवार, समाज, बल्कि देश के लिए दूसरों को रोजगार मुहैया करवाकर मिसाल कायम की है। रीनाजी पर मशहूर शायर के शब्द एकदम सटीक बैठते हैं—

'बारे दुनिया में रहो गम-जदा या शाद रहो
ऐसा कुछ करके चलो याँ कि बहुत याद रहो।'

□

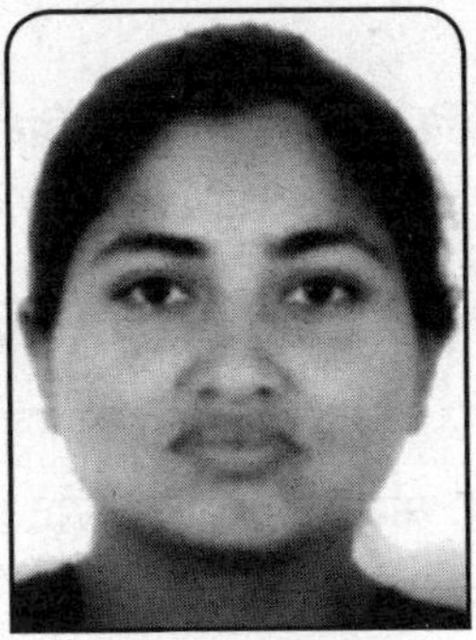

10

रेखा शर्मा (पंजाब)

'जरूरी नहीं रौशनी चिरागों से ही हो,
बेटियाँ भी घर में उजाला करती हैं।'

यह पंक्तियाँ मेरे पिताजी श्री नानकचंद्र अग्रवालजी ने 17 मार्च को साल 2021 में मेरी पुस्तक 'मीडिया में महिलाओं की भूमिका' के विमोचन समारोह में पढ़ी थी। इन शब्दों को सुनकर सभागार में बैठे सभी लोगों ने मुझे अपना आशीर्वाद दिया। पंजाब की रहनेवाली रेखा शर्माजी से जब मैं 'कृषि में महिलाओं की भूमिका' पुस्तक के संबंध में साक्षात्कार कर रही थी तो मुझे उन्हें देखकर अपनी कहानी याद आ गई, एक ऐसी नौजवान लड़की, जिसने न केवल अपने परिवार, राज्य बल्कि देश को भी कृषि की नई परिभाषा से अवगत कराया। रेखाजी ने नौजवान पीढ़ी के सामने एक ऐसी मिसाल पेश की है। जिस नौजवान लड़की के पास एम.ए. सोशियोलॉजी, पंजाब यूनिवर्सिटी, चंडीगढ़ से, एम.एस.सी. की डिग्री आई.टी. जालंधर से और वहीं दिल्ली विश्वविद्यालय से मृदा और जल प्रबंधन की डिग्री हो, तब भी उन्होंने किसी बड़ी कंपनी में लाखों की नौकरी छोड़ अपने पंजाब के जिले होशियारपुर में ही रहकर कृषि में कुछ नया करने की सोची।

मध्यमवर्गीय परिवार में जन्मी रेखाजी बताती हैं कि वो चार भाई-बहन हैं, लेकिन सबसे दिलचस्प बात यह है कि उनके माता-पिता ने बचपन से ही

उन्हें सिखाया कि अपने लिए तो हर कोई जीता है, अगर हम समाज के लिए कुछ हटकर करें, तभी जीवन का सही उद्देश्य हासिल होगा। पिताजी व्यापारी और समाजसेवी भी थे और माताजी गृहिणी। पिताजी न केवल अपने परिवार, बल्कि हर किसी की मदद करने का प्रयास करते थे। बचपन में माता-पिता का यह व्यक्तित्व और उनकी सीख ने मन पर गहरी छाप छोड़ी।

कृषि की दिशा में काम करने के लिए मुझे मेरे पिताजी से प्रेरणा मिली। हुआ यूँ कि मेरे पिताजी समाजसेवी थे तो उन्हें धीरे-धीरे इस बात के तथ्य सामने आने लगे कि आज-कल हम जो खा रहे हैं, उसमें रसायनिक खेती का बहुत बड़ा हाथ है। जिससे दिनोंदिन लोगों में बीमारियों का इजाफा हो रहा है। लोगों में बीमारियों की बढ़ती रफ्तार को रोकने के लिए और एक स्वस्थ समाज के लिए हमें प्राकृतिक खेती की दिशा में कदम बढ़ाना होगा।

वहीं दूसरी घटना है कि पिता-माताजी मुझे दिल्ली के प्रगति मैदान में लगे मेले को दिखाने लेकर गए। उस समय मेरी ज्यादा उम्र नहीं होगी, हमने देखा कि वहाँ अलग-अलग जगहों से आए लोग न जाने कितने कामों में निपुण थे। इससे पहले मुझे एक साथ इतने लोगों के हुनर को देखने का कभी मौका नहीं

मिला था। हमारे यहाँ तो ऐसा संभव ही नहीं था, महिलाएँ परदे में रहती हैं और घर की चारदीवारी ही उनका जीवन है।

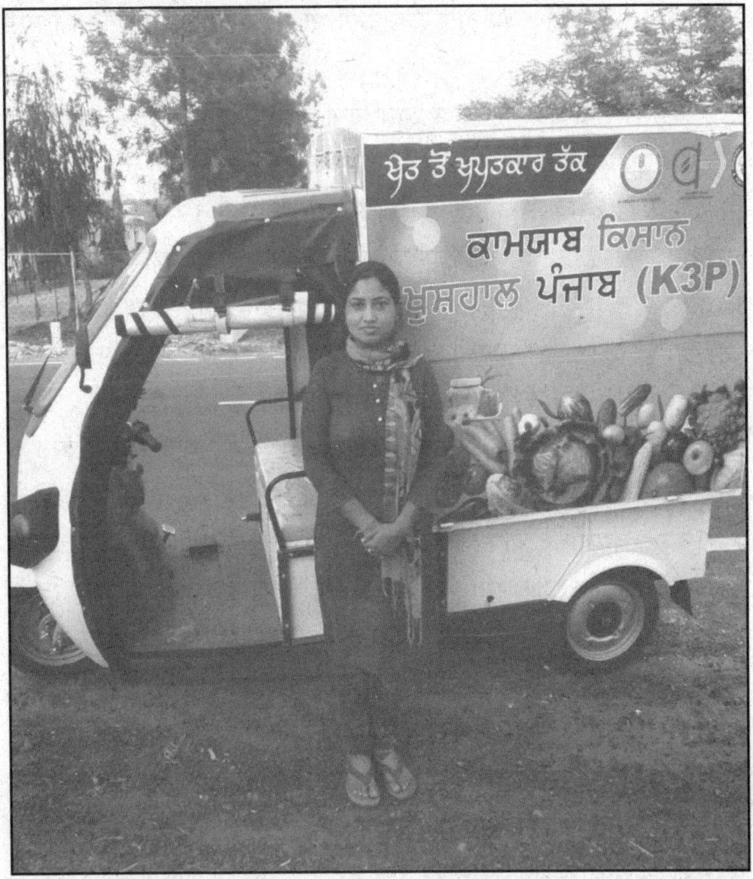

अब मैं समझ गई थी कि मुझे किस दिशा में अपना कदम आगे बढ़ाना है, कम उम्र के इन अनुभवों ने मुझे अपने गाँव में रहकर प्राकृतिक खेती की दिशा में कुछ नया करने की प्रेरणा दी, फिर क्या था मैंने अपने छोटे से जमीन के टुकड़े पर खेती के नए-नए प्रयोग करना शुरू कर दिए। खेती और पढ़ाई साथ-साथ चलते रहे। कहते हैं न कि अगर कुछ अलग हटकर करो तो कठिनाई सामने आती हैं तो ऐसा ही कुछ मेरे साथ भी हुआ।

मेरी पढ़ाई और खेतों में प्रयोग लोगों को पसंद नहीं आ रहे थे, उनका कहना था कि 10वीं पास कर लेने के बाद उसकी शादी कर दो। यह जो कर रही है उससे गाँव की और लड़कियाँ भी घर से बाहर निकलकर बिगड़ जाएगी…

ऐसे में समाज के खिलाफ साथ दिया मेरे पिताजी ने, उनका कहना था कि आज जो मेरी बेटी कर रही है, वो न केवल हमारे पिंड, बल्कि देश के लिए मिसाल बनेगी। रेखाजी कहती हैं कि जब आपको अपने घर के अंदर प्यार, सम्मान और सहयोग मिले तो आपको समाज की परवाह नहीं रहती। समाज के अलावा खेती करने में मेरे सामने दो और चुनौतियाँ थी। पहली थी पथरीली जमीन और दूसरी यहाँ जंगली जानवरों का बहुत डर है। अपनी फसलों को बचाने के लिए जान का जोखिम उठाकर हमें खेतों में सोना पड़ता है।

रेखाजी कहती हैं कि जब आप अपने को किसी काम में पूरी तरह से लगा देते हैं तो नए-नए आविष्कार भी आप आसानी से कर लेते हैं। प्राकृतिक खेती करते-करते मैंने जाना कि हम बहुत सी अमूल्य जड़ी-बूटियाँ के विषय में जानते ही नहीं, जो हमारे जंगलों में सालों से प्रकृति हमें बिना किसी रखरखाव के निःशुल्क दे रही है, अगर हम उनका प्रयोग दवाइयों के रूप में करें तो काफी बीमारियों से निजात पाई जा सकती है।

इस दिशा में कदम बढ़ाते हुए हमने हल्दी, एलोवेरा, हरड़, बहेड़ा और आँवला के प्रसंस्करण पर काम करना आरंभ कर दिया, जो आमतौर पर जंगल में बरबाद हो जाते हैं। रेखाजी कहती हैं साल 2013 में हमने 13 सदस्यों के साथ अपने इस सफर की शुरुआत की थी और आज समूह में करीब 300 सदस्य जुड़े हुए हैं। उनके मुख्य उत्पादों में साइट्रस स्क्वैश, नींबू का रस, लीची का रस, आम का रस और करौंदे का रस, अचार, चटनी, बाँस का अचार, जो जोड़ों के दर्द से पीड़ित लोगों को ठीक करने के लिए काफी उपयोगी है, कैंडी, बर्फी आदि की बिक्री होती है।

रेखाजी बताती हैं कि हम प्राकृतिक खेती करने के साथ-साथ समाज में जनचेतना का काम भी करते हैं। हम लोगों को बताते हैं कि अगर वो इन

उत्पादों का दैनिक आधार पर उपयोग करते हैं और यहाँ तक कि सुझाव देते हैं कि यदि हम सभी इनका सेवन करेंगे तो उन्हें काफी बीमारियों से निजात मिलेगी। हम अपने उत्पादों का विपणन स्वयं करते हैं और उन्हें राष्ट्रीय और अंतरराष्ट्रीय स्तर पर भी ग्राहकों के लिए उपलब्ध कराते हैं।

रेखाजी बताती हैं कि हम अपने इन उत्पादों को किसान मेलों और सोशल मीडिया और ई-कॉमर्स प्लेटफॉर्म के माध्यम से भी बेचते हैं।

कृषि में अपने कार्यों के लिए हमें कई पुरस्कारों से सम्मानित भी किया गया है। रेखाजी अपने इस ज्ञान और अनुभव को यहाँ किसान साथियों के साथ साझा करती हैं। वहीं उन्होंने विभिन्न विश्वविद्यालयों, जैसे शेर-ए-कश्मीर विश्वविद्यालय, पंजाब कृषि विश्वविद्यालय आदि में भी कृषि से संबंधित विषयों पर आयोजित कार्यक्रमों में प्रतिनिधित्व किया है।

रेखाजी हमारे समाज की उस नौजवान पीढ़ी का प्रतिनिधित्व करती हैं, जो समाज और सरकार को अपनी असफलता के लिए कोसने की बजाय जहाँ एक और खुद विकास कर रही हैं, वहीं दूसरे लोगों को भी रोजगार मुहैया करवा रही हैं। उन पर यह पंक्तियाँ सटीक बैठती है—

'हर औरत के अंदर है झाँसी की रानी,
कुछ विचित्र थी उनकी कहानी,
मातृभूमि के लिए प्राणाहुति देने को ठानी,
अंतिम साँस तक लड़ी थी वो मर्दानी।'

झाँसी की रानी की तरह रेखाजी भी रासायनिक खेती के खिलाफ लड़ रही हैं और वो अपने देश और किसानों के लिए अपनी अंतिम साँस तक काम करना चाहती हैं।

□

11

अमरजीत कौर (हरियाणा)

'कहती हैं बेटी हमें निहार मुझे चाहिए प्यार दुलार।
बेटियों को क्यों प्यार नहीं करता संसार।
सोचिए सभी क्या बेटी बिना बन सकता है घर परिवार।'

कवि की इन पंक्तियों को हरियाणा की किसान अमरजीत कौर ने अपने काम और सोच से समाज में चरितार्थ कर दिखाया है। हरियाणा का अंबाला शहर और उसका एक छोटा सा गाँव है 'अधोई'। अमरजीत ने एकीकृत कृषि प्रणाली और फसल विविधीकरण के अपने ज्ञान से खेती के मायने ही बदल दिए।

अमरजीत देश में उस नौजवान पीढ़ी का नेतृत्व करती हैं, जो किसी भी काम को अपनी मेहनत और इच्छा शक्ति के दम पर सफलता से हासिल करके देशभर की महिलाओं के लिए नया इतिहास रचती हैं। घर में अमरजीत बेटियों में सबसे छोटी हैं और उन बहनों का केवल एक ही भाई है, जब घर में बड़ी बहनों की शादी हो गई और भाई पढ़ने के लिए बाहर चला गया। ऐसे में पिता का सबसे ज्यादा सान्निध्य उन्हें ही मिला। अमरजीत बताती हैं कि मेरे पिता अपने हर काम के लिए मुझे अपने साथ ले जाते थे तो ऐसे में आप कह सकते हैं कि एक किसान की बेटी होने के नाते खेती का हुनर मुझे बचपन से ही देखने को मिला। किसान खेती के लिए महाजन से कुछ उधार भी लेता है। यहीं से

हमारे जीवन में एक नया मोड़ आया। हुआ यूँ कि एक समय ऐसा आया, जब अचानक पिताजी बीमार पड़ गए। मेरी उम्र उस समय करीब 18 साल की रही होगी। ऐसे में मैंने देखा कि मैं तो पिताजी के साथ जाती थी और जानती

थी कि पिताजी ने किससे क्या उधार लिया है या नहीं पर पिताजी बीमारी का फायदा उठाकर कुछ ऐसे लोग भी हमसे पैसा माँगने आ गए, जिससे हमने कभी कोई उधार लिया ही नहीं था। घर के हालात इतने बुरे थे कि फीस न दे पाने के कारण मेरे भाई को हॉस्टल से निकाल दिया गया था। हमें घर पर चिंता न हो इसलिए उसने हमें बताया नहीं और उसने कई दिन बस स्टैंड पर ही गुजारे।

अमरजीत बताती हैं कि खेतीबाड़ी की मुझे ज्यादा जानकारी नहीं थी, पिताजी को खेतों में जितना काम करते देखा बस उतना ही जानती थी। वह मेरे लिए मुश्किल दौर था, लेकिन कुछ लोग मेरी मदद के लिए आगे आए। शुरुआत में मैंने परिवारिक जमीन के अलावा ठेके पर ली हुए जमीन पर खेती की। बिना किसी मजदूर की मदद लिए मैं खेत पर अकेले काम करती थी, फिर वह खाद डालना हो या खेतों की जुताई करना। शुरू-शुरू में मुझे काफी परेशानियों का सामना करना पड़ा, खेती में भी मुनाफा होने की बजाय नुकसान होता चला गया।

ऐसे में कहीं से पता चला कि कृषि के लिए भी प्रशिक्षण दिया जाता है, ताकि आप सही तरीके से खेती कर सकें। इसके साथ-साथ मैं यहाँ यह बात भी सबके सामने लाना चाहूँगी कि रसायनिक खेती समाज को दीमक की तरह अंदर-ही-अंदर कमजोर कर रही है। मेरे पिताजी की बीमारी के समय मुझे यह बात पता चली तो मैंने अपने जीवन में 2 लक्ष्य निर्धारित किए। पहला कि अपने परिवार का सहारा बनूँगी और दूसरा कि कभी भी रसायनिक खेती नहीं करूँगी। इसी दिशा में अपना कदम बढ़ाते हुए मैंने साल 2018 में कृषि विज्ञान केंद्र अंबाला से कृषि विकास योजना के तहत चावल और गेहूँ की जैविक खेती का प्रशिक्षण लिया। प्रशिक्षण के बाद खेती में नया आविष्कार करते हुए मैंने धान, गेहूँ, गन्ना, मक्का, प्याज, आलू और चारा फसल के साथ-साथ दूध के लिए भैंसों को शामिल कर लिया। उन्होंने पंजाबी में मास्टर की डिग्री प्राप्त की। पढ़ाई के साथ वह घर का सारा काम करती हैं और ट्रैक्टर भी चलाती हैं यह अमरजीत की मेहनत का ही नतीजा है कि आज उनका भाई भी

पढ़-लिखकर सरकारी नौकरी कर रहा है। आज अमरजीत की वजह से ही उसके पिता की हालत में सुधार आया है।

आज अमरजीत कौर अपने गाँव और जिले में करीब 1500 से अधिक महिलाओं को कृषि के लिए प्रशिक्षित करके रोल मॉडल बन गई हैं। अमरजीत कौर ने 'बेटी बचाओ बेटी पढ़ाओ' अभियान में भी अपनी सक्रिय भूमिका निभाई है।

अमरजीत कहती हैं कि मेरा सपना है कि देश में कोई भूखा न सोए और सबको पौष्टिक अनाज उपलब्ध हो। इस काम को किसानों और सरकार के सहयोग से पूरा किया जा सकता है, अगर किसान अपने छोटे फायदे को नजरअंदाज कर दें और देश और समाज की सोचे तो स्वास्थ्य से जुड़ी काफी बीमारियों को भी रोका जा सकता है।

□

12
हेमलता सोंगरा (राजस्थान)

'हार हो जाती है, जब मान लिया जाता है
जीत तब होती है, जब ठान लिया जाता है'

किसी शायर ने बड़े ही खूबसूरत शब्दों में कहा है कि मन से ही केवल हार होती है, यदि कोई व्यक्ति किसी विषय पर जीत का निश्चय कर लें तो ईश्वर भी उस काम में उसकी जीत के लिए मदद करता है। राजस्थान की हेमलता सोंगरा ने शायर के इन शब्दों को अपने जीवन में चरितार्थ कर दिखाया है। पेशे से किसान हेमलताजी के लिए यह सफर इतना आसान नहीं था, लेकिन उन्होंने अपनी अलग सोच और मेहनत के दम पर सफलता हासिल करके दिखाई।

उनका जन्म राजस्थान में एक बिजली के मिस्त्री के घर हुआ और हेमलताजी कहती हैं कि आप सोच ही सकती हैं कि परिवार में हम छह भाई-बहन थे और कमाने वाले केवल और केवल मेरे पिताजी। ऐसे में बचपन में ही सोचती थी कि मुझे बड़ा होकर कुछ अलग करना है पर एक तो लड़की और घर में आर्थिक तंगी के चलते पढ़ाई भी ज्यादा नहीं कर पाई। आप जानती ही हैं कि राजस्थान में परदा प्रथा कितनी है और यहाँ लड़कियों को आज भी घर से बाहर निकलने और उच्च शिक्षा के लिए संघर्ष करना पड़ता है। यहाँ महिलाएँ केवल और केवल घर के कामों तक ही अपने को समेटे रहती हैं।

ऐसे में राजस्थान में आज भी कम उम्र में ही शादी हो जाती है। मेरे साथ भी कुछ ऐसा ही हुआ। पिता की तरह पति भी बिजली के मिस्त्री हैं तो घर में हमेशा आर्थिक तंगी रहती थी। एक दिन मैंने अखबार में किसी महिला किसान की सफलता की कहानी पढ़ी तो मेरे मन में भी कृषि करके अपने परिवार को आर्थिक रूप से मजबूत बनाने का विचार आया।

कृषि का प्रशिक्षण लेने की जब बात आई तो मेरी सासु माँ ने मेरा बहुत साथ दिया, उन्होंने कहा कि जब तक कुछ करके देखोगे नहीं तो पता कैसे चलेगा कि क्या करना चाहिए और क्या नहीं। कृषि अनुसंधान केंद्र में मुझे प्रशिक्षित किया ममता तिवारी मैडम ने। उन्होंने न केवल मुझे प्रशिक्षित किया, बल्कि मुझे जीवन में आगे बढ़ने की प्रेरणा भी दी।

हेमलता सोंगराजी की सबसे दिलचस्प बात यह है कि इन्होंने देशी और कम उपयोग वाली फसलों के खाद्य प्रसंस्करण में विशेषज्ञता हासिल की है। इन फसलों में सहजन गिलोय, नीम, आँवला, लहसुन, करेला, गाजर, चुकंदर, मीठा नीम, पालक, अश्वगंधा और सफेदमुसली शामिल हैं। उन्होंने निर्जलीकृत एवं अन्य प्रसंस्करित उत्पाद बनाने में साल 2007 के दौरान उन्होंने कृषि विज्ञान केंद्र, कोटा में खाद्य प्रसंस्करण और मूल्य संवर्धन के प्रशिक्षण पर एक महीने के प्रशिक्षण में सक्रिय रूप से भाग लिया। जिससे उन्हें विभिन्न कृषि और बागवानी उत्पादों और उत्पादों के खाद्य प्रसंस्करण और मूल्यवर्धन की विभिन्न तकनीक और उपकरणों में दक्षता प्राप्त हुई। प्रशिक्षण के बाद हेमलताजी ने विभिन्न उत्पादों को बनाना शुरू कर दिया और साथ ही उन्होंने अपने नए विचारों को भी उत्पाद निर्माण में प्रयोग किया। इन नए विचारों की बदौलत अब हेमलताजी ने आँवला से आँवला रस, कैंडी, पाउडर, मुरब्बा, जैम और दवाइयाँ बनाना शुरू कर दिया। सहजन की सब्जी से मिठाई, पाउडर, सूप , मिक्स अचार और इसके साथ–साथ लहसुन से पेस्ट, प्यूरी, पाउडर और तेल के उत्पादों का निर्माण किया।

उन्होंने 'तन्वी स्वयं सहायता समूह' नाम से एक स्वयं सहायता समूह भी बनाया। इसके बाद हेमलताजी ने अपने उत्पादों का पंजीकरण भी करवाया और 'तन्वी फ्रेश फ्रूड प्रोडक्ट' के नाम से उत्पादों की बिक्री शुरू कर दी। कोटा के अपने नियमित ग्राहकों के अलावा, अब उन्होंने अपने उत्पादों को ऑर्डर एवं माँग के आधार पर पूरे देश में बेचना शुरू कर दिया। दिलचस्प बात यह है कि इनके अचार को इतना पसंद किया जाने लगा कि साल 2021 में ऑस्ट्रेलिया में भी इनके अचार को निर्यात किया गया। वहीं उन्होंने दवा के रूप

में सहजन, लहसुन, करोंदा, गिलोय, अश्वगंधा और सफेदमुसली आदि जैसी स्वदेशी और कम उपयोग वाली फसलों का मधुमेह, चिंता, खराब कोलेस्ट्रॉल जैसी बीमारियों से लड़ने में प्रयोग करके अपनी अलग पहचान बनाई है।

आज हेमलताजी अपने क्षेत्र में खाद्य प्रसंस्करण विशेषज्ञ के रूप में जानी जाती है और अपने इस ज्ञान से वो किसानों को खाद्य प्रसंस्करण के प्रति जागरूक बना रही हैं। इस कड़ी में हेमलताजी अब तक करीब कई विभागों द्रारा आयोजित 70 प्रशिक्षण कार्यक्रमों में एक हजार से अधिक ग्रामीण युवाओं को प्रशिक्षित कर चुकी हैं।

हेमलताजी के अतुल्यनीय कार्य के लिए इनको रामकृष्ण शिक्षा मिशन कोटा से 8 मार्च, 2018 को 'अंतरराष्ट्रीय महिला दिवस' के अवसर पर नारी शक्ति पुरस्कार से भी सम्मानित किया जा चुका है। हेमलताजी का सपना है कि वो देश में ज्यादा-से-ज्यादा अपने दवाइयों के ज्ञान को लोगों तक पहुँचाए। जिससे मरीज रसायनों की बजाय प्राकृतिक उपचार से ही स्वास्थ्य लाभ लेकर बीमारियों से लड़ सकें।

□

13

कृष्णा यादव (कृष्णा अचार) (उत्तर प्रदेश)

खुदी को कर बुलंद इतना कि हर तकदीर से पहले
खुदा बंदे से खुद पूछे बता तेरी रजा क्या है।

खुद पर विश्वास और लगातार मेहनत से इंसान जिंदगी में सफलता का हर मुकाम हासिल कर सकता है। उत्तर प्रदेश के बुलंदशहर की रहनेवाली कृष्णा यादव ने मशहूर शायर इकबाल के इस शेर को अपने जीवन में चरितार्थ कर दिखाया है। अपने जीवन में आगे बढ़ने की प्रेरणा उन्हें 'महाशियाँ दी हट्टी' के मालिक और मसाला किंग के नाम से मशहूर महाशय धरमपाल गुलाटीजी से मिली।

उनका कहना है कि महाशयजी अपने मसालों की वजह से दुनिया भर में जाने जाते हैं। न महाशयजी के पास कोई डिग्री थी, न ही कोई पूँजी, लेकिन उन्होंने अपनी मेहनत और कुछ नया करने की सोच के कारण मसालों की दुनिया में अपना अलग स्थान बनाया। महाशयजी में मुझे सबसे अलग बात यह लगी कि वो अपने मसालों के लिए ताउम्र विज्ञापनों में खुद ही आते रहे, उन्होंने कभी किसी नामचीन हस्ती या फिल्मी हस्ती को अपने MDH मसालों के विज्ञापन में नहीं लिया। कृष्णीजी कहती हैं कि एक बार मुझे उनसे मिलने का सौभाग्य प्राप्त हुआ था तो उन्होंने मेरे इस प्रश्न का जवाब देते हुए कहा था कि मेरे मसालें हैं तो मेरे मसालों की गारंटी कोई दूसरा क्यों लेगा, अगर मुझे

लोगों तक अपने मसालों को पहुँचाना है तो मैं लोगों के सामने आकर कहता हूँ कि मेरे मसाले खरीदो···मैं अपने मसालों की गारंटी लेता हूँ।

श्रीमती कृष्णा यादव को 'एन.जी. रंगा फार्मर पुरस्कार' प्रदान करते हुए प्रधानमंत्री श्री नरेंद्र मोदी, श्री राधा मोहन (कृषि एवं किसान कल्याण मंत्री) एवं श्री संजीव बलियान (कृषि राज्य मंत्री)

सफलता के बाद जब एक कार्यक्रम में उनकी महाशयजी से मुलाकात हुई थी, तब उन्होंने लोगों को संबोधित करते हुए कहा था कि मैं महाशयजी को अपना प्रेरणास्रोत मानती हूँ। इनके जीवन और कार्यशैली ने मुझे कठिनाइयों में मेहनत करके सफल बनने की प्रेरणा दी।

जीरो से आचार की दुनिया में अपना वर्चस्व बनाने तक का उनका यह सफर आसान नहीं था। कृष्णाजी बताती हैं कि यह बात है साल 1995 की है, जब मेरा परिवार बहुत निराशाजनक दौर से गुजर रहा था। उस समय उनके बेरोजगार पति गोवर्धन यादव मानसिक रूप से बेहद परेशान हो चुके थे, लेकिन यह कृष्णा यादव की दृढ़ता और साहस ही था कि जिसने उनके परिवार को इस कठिन दौर को सहने की ताकत दी और फिर उनके पति ने अपने एक मित्र से 500 रुपए उधार लेकर परिवार के साथ दिल्ली आने का फैसला किया।

काम न मिलने पर कृष्णाजी के पिताजी ने उन्हें जमीन बटाई पर दिलवाया और उन्होंने इसमें सब्जियाँ बौने काम शुरू कर दिया। कृष्णाजी

का कहना है कि किसान भाइयों को तकनीकी ज्ञान न होने के कारण वो मौसम के हिसाब से फसल उगाते हैं, ऐसे में जब सभी किसान एक मौसम में एक ही फसल उगाते हैं तो मंडी में उसका दाम भी कम मिलता है। इस समस्या से उभरने के लिए कृष्णाजी और उनके पति ने कृषि विज्ञान केंद्र से प्रशिक्षण लिया। साल 2001 में कृषि विज्ञान केंद्र से खाद्य प्रसंस्करण (food processing) तकनीक का तीन महीने का प्रशिक्षण लेने के बाद, मानो कृष्णाजी की जिंदगी ही बदल गई।

प्रशिक्षण के बाद उन्होंने पहली बार करौंदे का अचार और मिर्च का अचार तैयार किया, जिसे बेचकर उन्हें अपने जीवन में पहली बार सफलता मिली, लेकिन यह सफलता क्षण भंगुर थी, जब काम में कुछ सफलता मिली तो उन्हें कुछ किलो करौंदा कैंडी बनाने का ख्याल आया, लेकिन उनके बनाए कैंडी में फंगस लग गया और वो बरबाद हो गए पर उन्होंने हार नहीं मानी और उन्होंने इसका निदान निकालने के लिए वैज्ञानिकों और खाद्य विशेषज्ञों से सलाह ली और उत्पाद की संरक्षण प्रक्रिया का पूरी तरह से पालन करते हुए बेहतर उत्पाद सामने लेकर आईं। उनके द्वारा बनाए गए उत्पाद को बेचने

का काम उनके पति करते थे, जिन्होंने नजफगढ़ की सड़क के किनारे ठेले से चलनेवाली अपनी रेहड़ी लगा ली थी। करौंदा कैंडी उस इलाके के लिए एक नए स्वाद की चीज थी, जिसे खाने के शौकीन लोग काफी पसंद कर रहे थे। उस समय ग्राहकों का कहना था कि करौंदा तो बहुत ज्यादा खट्टा होता है, आपने इसे मीठा कैसे कर दिया?

ग्राहकों का यह पूछना और कैंडी को पसंद करना ही हमारे जीवन की पहली और सबसे अनोखी सफलती थी।

इसके साथ ही इस नई सोच और व्यापार ने कृष्णाजी को जीवन में आगे बढ़ने की प्रेरणा दी।

जैसे-जैसे व्यापार बढ़ रहा था। कृष्णाजी और उनके पति अपने आचार और कैंडी को बेचने के लिए नए-नए तरीके निकालते थे, जैसे अब उन्होंने रेहड़ी के बजाय एक पुरानी वैन को इस तरह से प्रयोग किया कि एक तरफ उसमें मटके रखे, ताकि लोग पानी पीने के बहाने रुके और वो अपना सामान बेच सकें। आसपास के इलाके में अब कृष्णाजी का आचार इतना लोकप्रिय हो चुका था कि लोग दूर-दूर से उनका आचार खरीदने आते थे। उन्हीं ग्राहकों ने उन्हें फैक्टरी लगाने के लिए प्रेरित किया, ग्राहकों का कहना था कि आपके खुले आचार अगर अच्छी पैकेजिंग और लेबलिंग के साथ होते तो हम आपके आचार को और अधिक लोगों तक पहुँचा पाते। जिससे ग्राहक जान सकें कि आचार कब बना है और कब तक यह आचार खाया जा सकता है और साथ ही किस कंपनी का है। इन्हीं ग्राहकों ने कृष्णाजी का मार्गदर्शन भी किया कि कैसे वो सरकारी मदद से आचार बनाने का लाइसेंस और अन्य रियायतों को प्राप्त कर सकते हैं।

स्थिति सँभलने के बाद पति ने फूड डिपार्टमेंट में लाइसेंस के लिए अप्लाई किया और हमें लाइसेंस मिल गया।

लाइसेंस मिलने के बाद हमने 'श्रीकृष्णा पिकल्स' की शुरुआत की। एक दुकान किराए पर ली, जहाँ हम पैकिंगवाला अचार बेचने लगे। मैंने आसपास रह रही महिलाओं को भी साथ जोड़ लिया था। कृष्णाजी बताती

हैं कि मैंने देखा था कि जो महिलाएँ मेरे साथ खेत में काम करती थी, उन्हें कितनी आर्थिक तंगी से गुजरना पड़ता था। साथ ही जहाँ हम रह रहे थे, वहाँ के अधिकांश घरों में महिलाओं को मैंने अपने साथ काम करने के लिए प्रेरित किया। मैंने उनसे बोला कि मेरे साथ काम करोगी कि घर का हालात सुधर जाएँगे, उन सबको अचार बनाने की ट्रेनिंग दी। धीरे-धीरे हमारा काम बढ़िया चलने लगा।

सड़क के किनारे रेहड़ी लगाने से एक फैक्टरी के मालिक बनने तक के सफर में उन्होंने एक लंबी दूरी तय की है। चार मंजिला उनकी फैक्टरी खाद्य प्रसंस्करण के नए उपकरणों से सजी हुई है। करौंदे का अचार और कैंडी बनाने के शुरुआती दिनों के बाद आज कृष्णाजी कई तरह की चटनी, अचार, मुरब्बा आदि कम-से-कम 87 प्रकार के उत्पाद तैयार करती हैं। आज के समय में उनकी फैक्टरी में तकरीबन 500 क्विंटल फलों और सब्जियों का प्रसंस्करण होता है, अब इनका टर्नओवर करोड़ों में है। उनके व्यापार ने कई अन्य लोगों को रोजगार उपलब्ध कराया है। 2006 में उन्होंने आई.ए.आर.आई. में पोस्ट हार्वेस्ट प्रौद्योगिकी में प्रशिक्षण लिया, जहाँ उन्होंने बगैर रासायनिक परिरक्षकों के प्रयोग के फलों से तैयार होनेवाले पेय के बारे

में जानकारी हासिल की। इसके बाद उन्होंने आई.ए.आर.आई. के साथ जामुन, लीची, आम और स्ट्रॉबेरी आदि के पूसा पेय बनाने के एक समझौता पत्र पर हस्ताक्षर किए। कृष्णाजी बताती हैं कि विभिन्न प्रकार के अचार, मुरब्बे और पेयजल बनाने के बाद भी ग्राहकों में सबसे ज्यादा आम का अचार और आँवले से बनी चीजों को पसंद किया जाता है।

अपनी महिला साथियों के साथ एक भावनात्मक किस्से को बताते हुए कृष्णाजी कहती हैं कि मेरे सुनने में आया कि एक नेपाली महिला हमारे घर के पास ही रहती है और वो अपने बेटे को सरकारी स्कूल में न पढ़ाकर किसी अच्छे स्कूल में पढ़ाना चाहती है पर उसके पास अपने बच्चे को निजी स्कूल में पढ़ाने के लिए रुपया नहीं है। ऐसे में मैं उस महिला से मिली और उसे बोला कि तुम रुपए की चिंता मत करो, तुम्हें जितना चाहिए मैं तुम्हें दूँगी पर तुम्हें मेरे साथ काम करना होगा। उस महिला ने अपने बच्चे की खातिर घर की चारदीवारी से निकलकर मेरी फैक्टरी में काम किया और अपने बेटे को अच्छी शिक्षा दी।

एक आम महिला से किसान और किसान से एक व्यापारी तक का सफर तय करनेवाली कृष्णाजी बताती हैं कि साल 2014 में हरियाणा सरकार ने मुझे 'इनोवेटिव आइडिया' के लिए राज्य की पहली 'चैंपियन किसान महिला अवार्ड' से सम्मानित किया। इसके बाद भारत सरकार के महिला एवं बाल विकास मंत्रालय की ओर से 'नारी शक्ति सम्मान' मिला। दो ऐसे पुरस्कार हैं, जिन्हें मैं कभी नहीं भूल सकती, जिसमें पहला है—वाइब्रेंट गुजरात सम्मेलन में तत्कालीन मुख्यमंत्री नरेंद्र मोदी ने उन्हें 'किसान सम्मान' के रूप में 51 हजार रुपए का चेक देकर सम्मानित किया था। उस समय मैं मोदीजी से इतनी प्रेरित हुई थी, मैंने मंच पर उन्हें शुभकामनाएँ दी थी कि सर आप देश के प्रधानमंत्री बनोगे, फिर जब साल 2014 में नरेंद्र मोदीजी देश के प्रधानमंत्री बनें तो उसके बाद भी मुझे देश के प्रधानमंत्री के हाथों पुरस्कार मिला। प्रधानमंत्री से पुरस्कार लेते समय उनसे बात करने की अनुमति नहीं होती पर मैं जैसे ही उनसे पुरस्कार लेने पहुँची तो मुझे हँसी आ गई और मैंने कहा सर आपको

याद है मैं आपने गुजरात में भी मुझे पुरस्कार से सम्मानित किया था। प्रधानमंत्री हँसने लगे और बोले कि हाँ मुझे याद है।

देश की पहली महिला राष्ट्रपति प्रतिभा देवी सिंह पाटिल ने भी एक कार्यक्रम के तहत मुझे बुलाकर मेरे संघर्ष के दिनों के बारे में जानने की इच्छा जाहिर की थी। कृष्णाजी बताती हैं कि देश की प्रथम महिला राष्ट्रपति से मिलकर मेरा मन बहुत खुश हो गया। उनकी सादगी और विनम्रता ने मुझे जीवन भर के लिए कायल बना दिया।

कृष्णाजी का कहना है कि महिला को भगवान ने कुछ सोच-समझकर ही जन्मदाता बनाया होगा। मैं सोचती हूँ कि जो औरत एक बच्चे को जन्म दे सकती है, वो दुनिया में कुछ भी कर सकती है। इसलिए महिलाओं को अपनी क्षमता और रुचि के अनुसार कुछ-न-कुछ जरूर करते रहना चाहिए। सरकार, समाज और परिवार पर निर्भर होने से अच्छा है कि हम खुद ऐसा कुछ करें कि आत्मनिर्भर बन सकें।

□

14

डॉ. वंदना शिवा

(नवधान्य ट्रस्ट की संस्थापिका)

देश और दुनिया में कोई भी कार्य या क्रांति क्यों न हो, हर युग में महिलाओं का अभूतपूर्व योगदान रहा है। ऐसा ही एक नाम है 'नवधान्य ट्रस्ट' की संस्थापिका डॉ. वंदना शिवा का। देश के प्राकृतिक संसाधनों से संपन्न राज्य उत्तराखंड 5 नवंबर, 1952 में वंदना शिवाजी का जन्म हुआ। भारत को एक कृषि-प्रधान देश के रूप में दुनिया भर में जाना जाता है, ऐसे में एक ऐसी युवती, जो अगर चाहती तो अपनी डिग्री से देश-विदेश में कहीं भी अच्छी नौकरी पाकर जीवनयापन कर सकती थी, लेकिन उन्होंने भारत में ही रहकर देश की महिला किसानों के हक और पर्यावरण संरक्षण के लिए काम करने की ठानी। आज देश और दुनिया में वंदना शिवा को एक दार्शनिक, पर्यावरण कार्यकर्ता, पर्यावरण संबंधी नारी अधिकारवादी एवं कई पुस्तकों की लेखिका के रूप में जाना जाता है। 40 साल से अधिक समय से समाज-सेवा और भारतीय कृषि एवं पर्यावरण संरक्षण की अलख जलाए वह आज भी निरंतर कार्य कर रही हैं। उन्होंने 1978 में डॉक्टरी शोध निबंध 'हिडेन वैरिएबल्स ऐंड लोकेलिटी इन क्वांटम थ्योरी' के साथ पश्चिमी ओंटेरियो विश्वविद्यालय, कनाडा से पी-एच.डी. की उपाधि प्राप्त की।

पर्यावरण को स्वच्छ और हरा-भरा बनाए रखने के लिए वंदना शिवा का प्रयास अनवरत जारी है। दुनिया की प्रसिद्ध पत्रिकाएँ 'फेमिना' और

'टाइम मैगजीन' ने वंदना शिवा को 'इन्वायर्मेंटल हीरो' की उपाधि दी है और 'फोर्ब्स' ने उन्हें विश्व की सात सबसे शक्तिशाली महिलाओं की सूची में रखा है। 'सादा जीवन, उच्च विचार' के सिद्धांत पर चलनेवाली वंदना शिवा से जब मैंने बात की तो उनका कहना था कि मेरी पूरी जिंदगी 'वसुधैव कुटुंबकम्' के सिद्धांत पर आधारित है। मैं पर्यावरण के संरक्षण और संवर्धन में इसलिए विश्वास रखती हूँ, क्योंकि मेरा मानना है कि हम धरती माँ के परिवार का एक हिस्सा हैं। शिक्षा और परिवार ने मुझे आधुनिकता, प्रकृति और पर्यावरण के बीच संतुलन बनाना सिखाया है। इसी नियम पर चलते हुए आज तक मैं काम कर रही हूँ। अपनी शिक्षा के माध्यम से देश-विदेश में घूमकर, पढ़कर, शोध व कार्य करके मुझे पता चला कि प्रकृति और पर्यावरण एवं महिला किसानों के हितों के लिए क्या सही है और क्या गलत। मेरा मानना है कि किसी भी क्षेत्र में कार्य करना न कठिन है न ही आसान, यदि आप इस पैमाने को छोड़ दें कि परिणाम क्या होगा, और केवल और केवल अपने काम पर पूर्ण रूप से फोकस करें तो दुनिया में कोई ऐसा काम नहीं, जो नहीं किया जा सकता।

वंदनाजी कहती हैं कि मेरा जन्म उत्तराखंड में हुआ, जिसने देश और दुनिया को पर्यावरण की रक्षा एवं किसानों के हितों के विषय में सोचने पर मजबूर कर दिया। मेरे मन में यहीं से इस क्षेत्र में काम करने का विचार आया। जब आप महिला किसानों पर पुस्तक लिख रही हैं तो पाठकों को इस आंदोलन के विषय में संक्षिप्त रूप में बताना भी चाहूँगी।

चिपको आंदोलन एक पर्यावरण-रक्षा का आंदोलन था। यह भारत के उत्तराखंड राज्य में किसानों ने वृक्षों की कटाई का विरोध करने के लिए शुरू किया था। वे राज्य के वन विभाग के ठेकेदारों द्वारा वनों की कटाई का विरोध कर रहे थे और उन पर अपना परंपरागत अधिकार जता रहे थे।

यह आंदोलन तत्कालीन उत्तराखंड के चमोली जिले में सन् 1973 में प्रारंभ हुआ। एक दशक के अंदर यह पूरे उत्तराखंड क्षेत्र में फैल गया था। 'चिपको आंदोलन' की एक मुख्य बात यह थी कि इसमें स्त्रियों ने भारी संख्या में भाग लिया था। इस आंदोलन की शुरुआत 1970 में भारत के प्रसिद्ध

पर्यावरणविद् सुंदरलाल बहुगुणा, कामरेड गोविंद सिंह रावत, चंडीप्रसाद भट्ट और श्रीमती गौरा देवी के नेतृत्व में हुई थी।

चिपको आंदोलन वनों का अव्यावहारिक कटाई को रोकने और वनों पर आश्रित लोगों के वनाधिकारों की रक्षा का आंदोलन था। रेणी में 2,400 से अधिक पेड़ों को काटा जाना था, इसलिए इस पर वन विभाग और ठेकेदार जान लड़ाने को तैयार बैठे थे, जिसे गौरा देवीजी के नेतृत्व में रेणी गाँव की 27 महिलाओं ने प्राणों की बाजी लगाकर असफल कर दिया था। एक साक्षात्कार में गौरा देवी ने जंगल के प्रति अपना स्नेह दरशाते हुए कहा था कि ये जंगल हमारी माता के घर जैसा है। यहाँ से हमें फल, फूल, सब्जियाँ मिलती हैं। अगर यहाँ के पेड़-पौधे काटोगे तो निश्चित ही बाढ़ आएगी और प्रकृति से खिलवाड़ करने पर प्रकृति कभी माफ नहीं करती। मैं यह जानकर बहुत प्रभावित हुई कि जो महिला कभी स्कूल की दहलीज तक नहीं चढ़ी, उसे प्रकृति के विषय में इतनी जानकारी कैसे है! वहीं मैं यह सोचने पर मजबूर हो गई कि जब एक असहाय और गरीब महिला आंदोलन करके पूरे राज्य की किस्मत बदल सकती है, तो फिर मैं तो एक सक्षम व पढ़ी-लिखी महिला हूँ। अतः मेरा कर्तव्य है कि मैं अपने शहर, राज्य, देश और दुनिया के लिए काम करूँ। इस आंदोलन ने मुझे यह सिखाया कि असहमति में उठाई गई आवाज भी परिवर्तन

ला सकती है। सन् 1970 में वंदना शिवा ने भी उत्तराखंड के पेड़ बचाओ, वन बचाओ संबंधी 'चिपको आंदोलन' में भाग लिया था।

वंदनाजी कहती हैं कि बस फिर क्या था, आज तक इस सीख पर चलने का प्रयास कर रही हूँ। चिपको आंदोलन से प्रेरणा लेकर मैंने पर्यावरण संरक्षण के लिए काम करना शुरू कर दिया। इस कड़ी में सबसे पहले मुझे मसूरी की खदानों पर काम करने का मौका मिला। इसमें दिलचस्प बात यह है कि सन् 1982 में मेरी अध्ययन रिपोर्ट के चलते मसूरी में खदानें बंद कर दी गईं। इस बात से मुझे एहसास हुआ कि पर्यावरण के क्षेत्र में छोटा सा योगदान भी व्यापक प्रभाव डाल सकता है।

वंदनाजी बताती हैं कि कृषि बहुत ही व्यापक क्षेत्र है और इसमें किसानों को रोज संघर्ष करना पड़ता है। ऐसे में भारत के किसानों को आज भी गरीबी और कर्ज के चक्रव्यूह में फँसकर खेती करने को मजबूर होना पड़ता है, तो क्या हम अपने प्रयासों से किसानों की कुछ मदद कर सकते हैं! एक कहावत है न कि 'जहाँ चाह, वहाँ राह'। मैंने अपने अध्ययन में पाया कि गरीब किसानों को हर बार अपनी फसल के लिए दोगुनी-तिगुनी कीमत देकर बीज खरीदने पड़ते हैं। मैंने निर्णय लिया कि इस विषय में कुछ करने की आवश्यकता है, ताकि किसानों को मूल बीज बचाने और जैविक कृषि के लिए प्रेरित किया जा सके।

सन् 1987 में मैंने पर्यावरण संरक्षण एवं जैविक खेती के विषय में काम करने की ठानी और अपने इस काम को पूरा करने के लिए 'नवधान्य ट्रस्ट' की स्थापना की। नवधान्य ट्रस्ट का उद्देश्य स्थानीय किसानों का समर्थन एवं विलुप्त हो रही फसलों और पौधों का संवर्धन करना है। वंदनाजी बताती है कि नीम, बासमती और गेहूँ की जैविक चोरी के खिलाफ मैंने अपना संघर्ष जारी रखा। दरअसल, देश-विदेश की बड़ी कंपनियाँ हमारी उन जानकारियों को चुरा लेते हैं, जो हम सदियों से जानते हैं और बाद में कहते हैं कि हमने इसका आविष्कार किया है।

इस राह पर चलते हुए हमें तीन मुकदमों में सफलता मिली। पहला था—कपास की वंशानुगत विकसित प्रजाति और महाराष्ट्र में किसानों में बढ़

रही आत्महत्या करने की दर के बीच सीधा संबंध है। 'मॉन्सेंटो' का भारत में आगमन अवैध था। इसका प्रमाण वह मुकदमा है, जो मैंने इनके खिलाफ सन् 1998-99 में लड़ा था। किसानों को गुमराह करने के लिए कहा गया था कि 'मॉन्सेंटो' के इस्तेमाल से किसानों को अत्यधिक पैदावार और कीटनाशक के इस्तेमाल के खर्च में कमी आएगी।

वंदना रासायनिक और औद्योगिक कृषि के बजाय खेती के पारंपरिक तरीकों का समर्थन करती हैं। मेरी पुस्तक 'हू रीयली फीड्स द वर्ल्ड' मेरे 10 वर्षों के शोध पर आधारित है। सच्चाई यह है कि 70 प्रतिशत खाद्यान्न का उत्पादन छोटे खेतों से होता है तथा बड़े और औद्योगिक खेत केवल 30 प्रतिशत योगदान देते हैं। वंदना शिवा का कहना है कि औद्योगिक स्तर पर की जानेवाली कृषि पर्यावरण, स्वास्थ्य और सामाजिक समस्याओं की जननी है।

वंदना शिवा को 'अनाज का गांधी' और 'पर्यावरण योद्धा' कहकर सम्मानित किया जाता है। वंदनाजी कहती हैं कि भारत परंपराओं का देश है और हर चीज में विज्ञान व परंपरा है। दिलचस्प बात यह है कि हमारे देश के

कोने-कोने में हर खेती और भोजन को पर्यावरण एवं विज्ञान के हिसाब से ही पैदा किया जाता है और फिर उस अनाज को बनाकर परोसा जाता है। आज पूरे विश्व में हर्बल का शोर मचा है, हमारी संस्कृति में तो सदा से ही हर जीव व पेड़ की पूजा की जाती है। हमारे यहाँ पीपल के पेड़ को पूजा जाता है, यह परंपरा भी है और विज्ञान भी, क्योंकि पीपल का पेड़ सबसे ज्यादा ऑक्सीजन देता है। सदियों से हमारे यहाँ पशुओं के गोबर को कृषि में खाद के रूप में प्रयोग किया जाता रहा है। आज भी हल जोतने के लिए खेतों में बैलों का इस्तेमाल किया जाता है। अत: ऐसी तमाम चीजें हैं, जो सदियों से हमारे देश में हैं, तो फिर किसान को क्यों विदेशी कंपनियों की खाद एवं बीजों को इस्तेमाल करने के लिए मजबूर किया जाता रहा है।

वंदनाजी कहती है कि भोजन और संस्कृति जीवन की बहुमूल्य धरोहर है। आज देश की आबादी करीब 130 करोड़ है; लेकिन आप विचार कीजिए, जब देश आजाद हुआ, क्या स्थिति रही होगी। आप कहेंगे कि अचानक से मैं हरित क्रांति पर कैसे आ गई। बिना कारण कभी कुछ नहीं होता। एक महिला और वैज्ञानिक होने के नाते इस परिस्थिति को सबके साथ साझा करना चाहती हूँ। जैसा कि सबको पता है कि स्वतंत्रता प्राप्ति के बाद भारत खाद्यान्नों और अन्य कृषि उत्पादों की भारी कमी से जूझ रहा था। स्वतंत्रता प्राप्ति से पहले बंगाल में भीषण अकाल पड़ा था, जिसमें 20 लाख से अधिक लोगों की मौत हुई थी। इसका मुख्य कारण कृषि को लेकर औपनिवेशिक शासन की कमजोर नीतियाँ थीं। उस समय कृषि के लगभग 10 प्रतिशत क्षेत्र में सिंचाई की सुविधा उपलब्ध थी और नाइट्रोजन-फास्फोरस-पोटैशियम (NPK) उर्वरकों का औसत इस्तेमाल एक किलोग्राम प्रति हेक्टेयर से भी कम था तथा गेहूँ व धान की औसत पैदावार 8 किलोग्राम प्रति हेक्टेयर के आसपास थी।

वर्ष 1947 में देश की जनसंख्या लगभग 30 करोड़ थी, लेकिन खाद्यान्न उत्पादन कम होने के कारण उतने लोगों तक भी अनाज की आपूर्ति करना असंभव था। रासायनिक उर्वरकों का उपयोग अधिकतर रोपण फसलों में किया जाता था। खाद्यान्न फसलों में किसान गोबर से बनी खाद का ही उपयोग

करते थे। सरकार ने वर्ष 1950–60 देश में अनाज की कमी को दूर करने के लिए पहली दो पंचवर्षीय योजनाओं में सिंचित क्षेत्र के विस्तार और उर्वरकों का उत्पादन बढ़ाने पर जोर दिया, लेकिन इन सबके बावजूद अनाज संकट का कोई स्थायी समाधान नहीं निकल सका।

द्वितीय विश्वयुद्ध के बाद वैश्विक स्तर पर अनाज व कृषि उत्पादन को बढ़ाने के लिए शोध किए जा रहे थे, जिसमें अनेक वैज्ञानिकों द्वारा इस क्षेत्र में कार्य किया जा रहा था। इसमें प्रोफेसर नार्मन बोरलाग प्रमुख हैं, जिन्होंने गेहूँ की हाइब्रिड प्रजाति का विकास किया था। वहीं भारत में एम.एस. स्वामीनाथन ने हरित क्रांति की शुरुआत की। हरित क्रांति ने देश में अनाज की समस्या को तो काफी हद तक दूर कर दिया, लेकिन इससे देश में कुछ नए तरीके की समस्याओं का जन्म हुआ, जो आज तक जारी है। इन बातों को समझना भी जरूरी है। हरित क्रांति के विषय में यह कहना अनुचित नहीं होगा कि यह छोटे और सीमांत किसानों की तुलना में बड़े किसानों के लिए अधिक लाभप्रद रही। इसका मुख्य कारण नई तकनीक में लगनेवाली अत्यधिक लागत थी, जिसे छोटे किसानों द्वारा वहन करना संभव नहीं था। इसका परिणाम यह हुआ कि धनी और निर्धन किसानों के बीच असमानता बढ़ती गई। वंदनाजी कहती हैं कि हर आंदोलन और हर सरकारी योजना का महिलाओं पर सबसे अधिक प्रभाव पड़ता है। इनके बिना सृष्टि की कल्पना भी नहीं की जा सकती।

जब मैंने वंदनाजी से जैविक खेती को सरल शब्दों में समझाने के लिए बोला तो उन्होंने कहा कि खाद्य संप्रभुता आपके जीवन, आजीविका और स्वास्थ्य की संप्रभुता है। जीवित बीजों को सहेजना और उनका उपयोग करना। इसमें भूमि और मिट्टी की देखभाल शामिल है। यदि हम मिट्टी के जीवों को नहीं खिलाते हैं तो हमारे पास खाद्य संप्रभुता नहीं हो सकती है। खाद्य संप्रभुता जैविक खेती और रसायनों तथा जहर से बचाने पर आधारित है।

वंदनाजी कहती हैं कि हमने बीज को बचाने के लिए 50 से अधिक सामुदायिक बीज बैंक बनाए हैं। हमारे शोध में यह बात साबित हुई है कि स्थानीय संस्कृतियों के अनुकूल स्थानीय बीज अधिक पोषण प्रदान करते हैं

और जलवायु परिवर्तन के लिए अधिक प्रभावी होते हैं। इसी कड़ी में हमने दस लाख से अधिक किसानों को रासायन-मुक्त, जैव विविधता पर आधारित जैविक खेती का प्रशिक्षण दिया है। किसानों ने न्यूट्रीशन के उत्पादन में दो गुना वृद्धि की है और रसायनों तथा गैर-नवीकरणीय बीजों पर पैसा बरबाद न करके अब किसान पहले की अपेक्षा अधिक उपज से ज्यादा लाभ कमा पा रहे हैं।

आप हमेशा ज्यादा-से-ज्यादा महिला किसानों को प्रशिक्षण देने की बात क्यों करती हैं, इस पर वंदना शिवाजी का कहना है, "मैंने अपने 40 साल से अधिक के शोध और आंदोलनों से यह पाया है कि दुनिया में अधिकांश किसान महिलाएँ ही हैं, जो प्रत्यक्ष या अप्रत्यक्ष रूप से कृषि से जुड़ी हुई हैं। यहाँ सबसे महत्त्वपूर्ण बात यह है कि महिला किसान भोजन को पोषण के रूप में उगाती हैं, वस्तुओं के रूप में नहीं। वे स्वास्थ्य के लिए भोजन उगाती हैं, बीमारी के लिए नहीं। इतिहास गवाह रहा है, कोई भी काल रहा हो, हर परिस्थिति में महिला किसानों ने अपने बीज और खाद्य सामग्री को संरक्षित रखा है।"

वंदनाजी कहती हैं कि आज मैं जो कुछ भी हूँ, वह मेरे परिवार की देन है। जिसके पिता एक वन-संरक्षक माता प्रकृति से प्रेम करनेवाली किसान, जिनके दिखाए रास्ते पर मैं आज तक चलने की कोशिश कर रही हूँ।

वंदनाजी कहती हैं कि आज देश और दुनिया में कोरोना महामारी के बाद स्वास्थ्य को लेकर सभी लोग पहले की अपेक्षा जैविक खेती एवं प्राकृतिक चीजों पर ज्यादा विश्वास करने लगे हैं। अतः मुझे लगता है कि मेरी 40 वर्षों की मेहनत कृषि और किसानों के लिए कारगार साबित हो रही है। वे कहती हैं कि अगर हम प्रकृति को ध्यान में रखकर खेती करें तो न केवल जो अनाज पैदा होगा, वह स्वास्थ्यवर्धक होगा, बल्कि इससे किसानों की आय बढ़ने के साथ ही उपभोक्ताओं को खाद्य वस्तुएँ सस्ती मिलेंगी।

□□□